儿童运动开发训练手册

——30个月，让孩子的成长发育更协调

曹丽娟 著

中国水利水电出版社
www.waterpub.com.cn
·北京·

内 容 提 要

本书揭示了运动在孩子心智成长、大脑发育过程中的重要作用。从养育孩子的规律出发，探讨了孩子的运动是怎样发展的，以及这些运动与大脑的关联。阅读本书，读者可以认识到哪些运动有助于促进孩子的智力发展，在养育孩子的过程中应遵循哪些规律，如何科学地引导孩子运动。

本书共分8章，从认识大脑、脑系统升级讲起，分别就平衡、大运动、精细运动、交叉运动进行详细分析，阐述了身体运动系统与神经系统的整体协调，包括感觉统合、专注力等等。介绍了一些帮助孩子提高各类运动能力的方式和方法。帮助家长解决孩子发育过程中的一些言语、交流、认知能力等方面的问题和在学习上的困难，推荐了一些用于补救的运动方式，都特别有效。

通过本书的学习，可以让孩子通过充分自然发展的方式获得平衡和全面的智力能力。

本书适合0~12岁孩子的家长阅读。

图书在版编目（CIP）数据

儿童运动开发训练手册 / 曹丽娟著. —北京：中国水利水电出版社，2023.5

ISBN 978-7-5226-1480-9

Ⅰ.①儿… Ⅱ.①曹… Ⅲ.①儿童—运动训练—手册 Ⅳ.① G808.17-62

中国国家版本馆 CIP 数据核字（2023）第 064562 号

书　　名	儿童运动开发训练手册 ERTONG YUNDONG KAIFA XUNLIAN SHOUCE
作　　者	曹丽娟　著
出版发行	中国水利水电出版社 （北京市海淀区玉渊潭南路1号D座 100038） 网址：www.waterpub.com.cn E-mail：zhiboshangshu@163.com 电话：（010）62572966-2205/2266/2201（营销中心）
经　　售	北京科水图书销售有限公司 电话：（010）68545874、63202643 全国各地新华书店和相关出版物销售网点
排　　版	北京智博尚书文化传媒有限公司
印　　刷	北京富博印刷有限公司
规　　格	170mm×230mm　16开本　12印张　186千字
版　　次	2023年5月第1版　2023年5月第1次印刷
印　　数	0001—3000册
定　　价	59.00元

凡购买我社图书，如有缺页、倒页、脱页的，本社营销中心负责调换

版权所有·侵权必究

序

　　讲儿童运动发展，就离不开原始反射。本书中有不少篇幅会写到原始反射与原始反射的整合，这在大脑的发育和完善过程中发挥了重要的作用，同时，它们也是大脑发育状况的外显形式。本书也讲到幼儿时期，从孩子身上反映出大脑对于感觉统合方面的发展情况，这是一个长期的过程，每个人的成长节奏不一样，所以反映出的问题也不相同。但我并不希望家长在养育孩子的过程中，因为已经错过了这个时期或是在这个时期做了与正确做法相反的事情而感到懊恼。本书旨在把孩子的大脑发展的特质呈现出来，让家长理解孩子，同时，为孩子提供相应的条件。我们发现了孩子身上的问题，知道了产生这些问题的原因，并且可以找到方向帮助孩子解决这些问题。在这个过程中，家长既不需要责怪孩子，也不必自责，只需经常"观察""发现""理解"和"引导"即可。

　　每个人都是独一无二的，正是他的成长经历造就了他的独特性，他所经历的也是他需要承担的，这些都将是唤醒他内在力量的声音。其实，很多成年人（包括一些在某些领域很有建树的人）身上都残留着原始反射未完全整合的痕迹，但这并不影响他们的生活与独立。我认识的很多治疗教育或运动治疗方面的专家和老师，或是因为自身或是因为孩子才进走入这个领域的，但这并不影响他们自身的优秀。

　　本书介绍了一些专业的方法，可以帮助解决儿童运动发展中存在的问题，但**更提倡的是自由活动、户外运动以及生活中的劳动和技能，这才是符合孩子大脑发育和身体成长的最合适的运动方式**。充足的自由运动和户外活动可以帮助孩子解决很多发展问题，无论是身体上的还是心理上的。

进入治疗教育和运动治疗领域，愈发感叹我们人类身体内隐藏的智慧，以及早期发育对后续发展的重要性。在与老师和家长的交流中，也愈发体会到孩子面临的挑战的多样性，以及家长对于养育孩子的焦虑心情。在这期间，汤晓艳老师给了我很多的帮助和启发。我接触到韵律运动得益于澳大利亚籍华人侯晓华老师和肌动学治疗师玛格丽特·霍恩（Margaret Howen）。侯晓华老师在儿童运动发展领域做了大量的翻译、研究和推广的工作。我认识玛格丽特老师的时候，她已经70多岁了，她把几十年的临床经验融入到运动治疗对于身体细腻的感受和启发中。与他们的沟通和学习让我受益匪浅，也启发了我在运动治疗中的觉察能力。

帮助儿童改善和提高运动能力的方法有很多，但没有哪一种方法是能够解决所有问题的。比如，原始反射的整合，养育过程中的被动运动和孩子自发的主动运动本就是对原始反射的整合。但现在的生活环境和养育方式常常会阻碍孩子的发展，如果有原始反射的残留，可以用韵律运动来帮助孩子解决问题，还可以利用与原始反射运动方向相反的作用力进行等张压力整合，原理是唤醒大脑对于这种反射的控制，增加相关肌肉群的力量。再如，在感觉统合方面，采用的方法更是多样化，而运动是最基础的方法。

前言

越来越多的研究表明，运动与孩子的智能发展密不可分。而在孩子的养育过程中，运动发展并没有得到应有的重视。现在，是时候改变这一状况了。

在儿童教育方面，孩子的每一种机能的发展都有一个敏感期，抓住敏感期了，就会事半功倍。运动发展也有相应的敏感期，但我一直在思考如何界定时间段，才能让大家全程了解孩子的发展规律，并对每一个敏感期保持理智、平和且积极的态度。

美国的运动生理研究把孩子的运动发展分为四个阶段：第一个阶段，0~2.5岁，孩子发育出爬、走、抓、打、说话等运动机能，为日后的智能和体能的发展打下基础；第二个阶段，2.5~5.5岁，孩子学会了跑、跳、抛、接和转动等动作能力，这是进一步智能发展的重要因素；第三个阶段，5.5~10岁，孩子进入儿童体育阶段，可以参加适合儿童体育教育的运动了，像儿童足球和儿童篮球等，这与成人的相应项目并不相同，他的运动机能全面发展，相应的手、眼、脑、四肢、肌肉、神经和心理均得到平衡的发展；第四个阶段，10岁以上，孩子可以进行专项运动机能锻炼和培养一些运动才能。

心理学家把孩子的认知发展也分为四个阶段：第一个阶段，0~2岁，是感觉运动阶段，孩子从感觉和运动发展中获得认知能力；第二个阶段，2~7岁，是前运算阶段，思维从运动中分离处理，快速发展，进行象征性的、非逻辑的思维发展，这个阶段的孩子是自我中心的思维方式，在他的眼里，所有东西都是有思想、有感觉的；第三个阶段，7~11岁，是具体运算阶段，逻辑思维开始发展，孩子开始具有分类和运算等能力，还可以推断出别人的感受或想法了；第四个阶段，11

岁以上，是形式运算阶段，孩子的逻辑思维拓展到了假设和抽象的概念，能够探讨价值观和哲学问题了。

从上面的两种时间段的划分可以看出，运动发展与认知发展基本保持同步。

在儿童运动发展的研究和实践中发现：0~3岁，婴幼儿在整合原始反射的运动中，大脑得到快速发展，各感官得到发育，为健全发展打下基础；3~7岁，孩子身体各部分的独立运动能力已经发展出来了，各感官配合也较好，身体、心理和大脑都为进一步的智力学习做好了准备；7~12岁，孩子的运动综合能力得到提高，专门为儿童设计的运动具有特有的想象力和创造力，虽然强度不大，但在延展性和稳定性上能让孩子获得长足的进步。如果前期的运动能力都发展出来了，孩子在入学以后就会表现出很强的适应能力；如果前期的运动能力没有完全发展出来，就会进入一个磨合的过程，原因是孩子上学了，这时很多家长才会发现孩子在学习上遇到了困难和挑战，有些能力没有发展出来，好像被"卡住了"。9岁是个有趣的年龄，很多孩子在这个时候好像一下子从童话的世界里走了出来，开始看到现实，开始怀疑权威，开始重新思考自己在这个世界中的状态。整个小学阶段，也就是12岁以前，孩子的运动能力平衡发展，有些孩子因此得到了调整，弥补了之前发展的欠缺，家长会突然发现，孩子好像"开窍了"；有些孩子则是找到了代偿方式，按照自己的方式进一步学习；还有的孩子在运动和智力方面显示出优秀的适应能力，可以快速掌握新的运动技能并拥有优秀的学习能力。

由此可见，虽然运动发展的关键期在婴幼儿到学龄前，但即便过了这一时期，这个"门"也没有关上，还有很长的时间可以调整。运动发展关系到孩子的学习能力。甚至，过了12岁以后，如果意识到问题的根源，依然可以通过有目的的训练方式矫正发现的问题，相关的感官能力和思维能力也可以得到提高。

若孩子能很早发展出优秀的运动能力，那么孩子的其他能力也会快速显现出来，这确实非常理想。但我们要秉承的理念是：**无论是运动还是学习，都是终生的事业**。也许我们不能从小练就"学霸体质"，也许我们不能"趁早成名"，但终身学习和运动，会让我们赢在人生的后半程。

目　录

第一章　启动大脑，儿童运动是开启人类智慧的钥匙 / 001

　　为什么有的孩子是学霸体质，一进学校就可以快速进入状态，学什么都很快，而有的孩子却完全不在状态呢？这是天生的幸运吗？不，这与儿童运动能力的发展密切相关。儿童运动就像一把钥匙，启动大脑的运作与发展，开启人类智慧之门。

此运动，非彼运动，到底什么是儿童运动 / 002

运动对于孩子的意义超出你的认知 / 006

多元智能，运动帮助孩子打开更多的通路 / 012

运动，是大脑与外界联系的手段 / 016

第二章　升级大脑，儿童运动助推大脑系统升级 / 019

　　大脑由内向外，一层包裹着一层。正是儿童时期的各种运动，让大脑层层打开，由低向高逐级发展。就像电脑升级一样，运动促进并帮助大脑完成系统升级。大脑各部分的连接，从运动开始，因运动而完善，借由运动而稳固下来。

连接，运动开启神经系统的各级连接 / 019

从"鱼脑""爬行脑"到"大脑皮层"，运动推动进化，促进大脑升级 / 025

原始反射，人类初始运动的价值与影响 / 027

被动整合，摇篮里的运动具有意想不到的作用 / 035

奇怪的运动，原来是孩子在拯救自己 / 039

"亡羊补牢"，错过"关键期"的问题也有补救之法 / 042

第三章　平衡，在运动中帮助孩子找到自我和掌控感 / 046

身体平衡，是学习和生活的基础，也是大脑运行的基础。就像读书一样，平衡能力的掌握是有学习过程的。儿童运动的根本就是学会掌握平衡，练习身体和大脑各部分配合协调的过程。让孩子尽量延长地板上的运动时间，充分地自由活动，从而掌握平衡，找到自我，学会控制，尽可能地做好底层建设。

从抬头到直立行走，每一个进步都是成长中的"里程碑" / 047
自我完善与整合，尽量延长孩子在地板上的运动时间吧 / 050
小脑只是平衡器？谁说小脑没有学习能力 / 053
立体的平衡，三维的脑，大脑发育与身体平衡关系密切 / 054
那些帮助平衡的好玩具 / 059
放手让孩子自己运动，把握孩子构建心理平衡体系的好时机 / 062

第四章　大运动开发，打好身体与大脑发育的基础 / 068

孩子身体的粗大运动是其他运动的基础，也是各项机能发展的基础。孩子通过翻滚、爬、走、跑、跳等大运动完成了大脑和身体之间的主要联系，启动和发展了各个感官的功能和统合能力。在自然状态下充分运动吧，为身体能力发展、积极心理构建和大脑发育与发展打下良好坚实的基础！

爬！爬！爬！爬行是大自然赋予生命的智慧 / 068
各种球类，人类运动上的伟大发明 / 073
最佳亲子时刻——一起去徒步、去爬山 / 075
节奏感，在音乐中舞蹈，益智又治愈 / 078
古今中外的体育教育给我们带来的启发 / 082

第五章　精细运动，让人类智慧一骑绝尘 / 084

手部运动是精细运动的重点，精细动作随着手眼协调发展起来。训练手的精细运动，可以起到开发大脑的作用吗？是的——"手巧"亦可促使"脑灵"。

手是心灵的工具，一个孩子必须真正地与他们的世界接触才能理解，然后才

目 录

能拿握和操纵它。我们的手与大脑交谈，形成的突触诱发更大的控制、知识和意识。它就像任何肌肉一样，使用可以增强力量和精致。——蒙台梭利

筷子与汉字，中国文化自带脑开发优势 / 085

编织，传统的生活和艺术原来也是益智活动 / 089

做家务、做料理，远远胜过课外班 / 093

多种多样的手部精细运动训练和游戏 / 097

带着孩子一起做手指操 / 104

口腔运动，不可忽视的精细运动 / 107

第六章 交叉运动，开启左右脑的融合之门 / 112

儿童的运动发展中有一项特别的发展，那就是交叉运动，这对于左右脑的融合有着积极而重要的作用。身体两侧随着交叉运动能力的提升也会越来越协调，连接左右脑的神经纤维从而得到强化和发展，对于左右脑的协同工作，有着非常明显的帮助。无论是孩子还是成人，交叉运动益智健脑。

跨越中线，居然是儿童运动中的一个"坎儿" / 112

大脑也男女有别，差别教育的生理根源 / 116

交叉运动，全脑开发有技巧 / 118

线画，节律与重复完美结合，是艺术也是运动 / 125

第七章 感统失调，运动治愈各种"障碍" / 130

为什么现在越来越多的孩子"感统失调"？如何帮助孩子"感觉统合"？我们不但要有觉察的能力，还要有包容和支持的态度与力量，更要有解决问题的方法。通过运动和专门设计的游戏可以帮助孩子更快、更好地提升感觉统合能力，提升学习能力，为进一步学习、生活做好准备。

感统失调，原来是我们误解了孩子 / 131

拥抱，是对孩子最有力的支持，也是构建安全感的"绝招" / 133

生命的觉醒，与触觉有关的运动与游戏 / 140

运动中的视听觉，如何帮助孩子发展有序空间 / 145

找到自我，同时训练平衡觉与本体觉的活动 / 149

动作计划能力，在游戏中学会快速把身体组织起来 / 155

第八章　专注力，与培养高品质专注力有关的那些事儿 / 160

专注力是一种能力，也是一种力量，在认知和学习活动中意义重大，我们需要有意识地培养孩子的专注力。好的专注力是怎么形成的呢？理解孩子的节奏、帮助孩子储备充足的能量，让孩子在有意义的学习过程中寻找快乐，通过各种活动培养孩子拥有高品质的专注力。

内化完整体验，让孩子在自己的节奏里感悟专注力的内核 / 161

专注力也需要能量，这些能量哪里来 / 163

次被动注意，引发令人愉快的专注力 / 167

如何训练高品质的专注力 / 169

不可或缺的环节——发呆 / 174

参考文献 / 178

后　　记 / 180

第一章 启动大脑，儿童运动是开启人类智慧的钥匙

> 智慧的根源来自婴幼儿期的感觉和运动发展。
>
> ——让·皮亚杰

人类是如何从一个婴儿，发展成能使用语言、符号和逻辑等众多复杂方法并对事物进行分析和推理的成人的呢？我们知道，智力的发展是一个成熟的过程，就像人的身体一样，从婴儿出生到长大成人，它始终是以可预测的方式进行的。这个过程不仅仅是学习的过程，还包括许多其他的渠道。

根据心理学著名的认知发展理论和运动生理研究以及儿童运动发展研究，我们来综合了解一下儿童的整体发展进程。婴幼儿时期，0~3岁，孩子就像是从一个半成品发展到成品，孩子身体的运动机能发育得很快，从像鱼一样摆动身体发育成能说、能走、会用手抓和打，还能跑、跳，做出各种表情的人，感官的功能也基本发育出来了。此时，思维与身体运动是同步进行的，所有的知识都是通过感觉和运动获得的，大脑与身体建立起良好的连接。幼童时期，3~7岁，孩子的运动能力进一步发展，身体、感官和大脑的配合能力基本形成，思维与运动分离，并且思维的速度大大加快，为进入学校的学习做好准备，到此阶段发展出的最基本的能力是孩子今后智能和体能的基础。儿童时期，7~12岁，学校里有体育课了，通过这些专业的儿童运动项目，孩子掌握了更多的运动能力，身体各部分的配合运用得到了综合的发展。这个阶段，孩子的运动充满了创造性了，逻辑思维也开始发展，可以进入逻辑思维、运算、简单的推理等学习阶段，身体、心理和大脑

平衡发展。同时，此前没有发展完全的部分在入学后显现出来，进入一个修正和改进的阶段。12岁以前，孩子在运动发展和发育上都在不断地适应、调整和强化。12岁以后，孩子进入少年时期，运动机能可以向专项运动发展，培养特殊的才能，逻辑思维也拓展到假设和抽象的概念，能够思考过去和将来，讨论价值观和哲学问题了。

每个孩子成长发育的时间不尽相同，发展出的能力也有差异，但儿童的运动和思维能力却紧密相连。

为什么有的孩子是学霸体质，一进学校就可以快速进入状态，学什么都很快，而有的孩子却完全不在状态呢？这是天生的幸运吗？不，这与儿童运动发展密切相关。

此运动，非彼运动，到底什么是儿童运动

说起运动，大家想到的自然是跑步、游泳、打球和瑜伽等体育运动。

本书所说的运动更为广义，是贯穿人类生命的运动。尤其是在学龄前，儿童运动的意义重大，范围更广，从胎儿期、婴儿期的原始反射引发的运动，到由妈妈、爸爸、养育者或专业的运动治疗师协助下的被动运动，由自发的学步等功能性运动，到各种游戏中的活动，还包括微小的指尖运动等，都是运动。而具有专业技能的体育运动，只是这众多运动中的一种。

◆ 人类生命之初的运动

大家都知道"反射"：生物课上青蛙的肌肉反射实验，体检中膝跳反射的检查，这些反射是不受大脑主观控制的。其实，人类在胎儿和婴幼儿时期有很多种反射是天生就有的，称为原始反射。在还没有长出肌肉或是肌肉力量还很小的时候，原始反射帮助胎儿和婴幼儿完成一些最基本的活动，这是运动的初始形态。不要小看这些原始反射，它对于我们的大脑和身体的发育发展都具有重大的意义。

原始反射有很多种，有迷路紧张反射、恐惧麻痹反射、摩洛反射、兰多氏反射、对称性颈紧张反射和两栖类反射等，这些属于全身性的、大的原始反射，还有头

部正位反射、巴宾斯基反射、觅食反射、踏步反射和抓握反射等身体局部的原始反射，这些构成了胎儿时期的全部运动方式和部分婴幼儿时期的活动方式。它们是维持生命最初的生存条件，也是为生存和发展所做的肌体准备。一方面，原始反射反映了大脑和神经发育的情况；另一方面，原始反射的发展和整合促进了孩子肌肉张力的发展，为以后的自主运动提供基础。原始反射是由脑干控制的自动且刻板的动作，它们需要被抑制和整合，从而使孩子的运动能力得到适当的发展。他是通过有规律的、反复的律动，不断重复不同的反射模式，使原始反射得到整合。只有这种原始的冲动型的活动被抑制和整合了，才表示他的这部分肢体获得了自由，可以随着他的意愿来活动了。

举个例子来说吧。迷路紧张反射——这是较早出现，并延续时间较长的一种原始反射，分为向前迷路紧张反射和向后迷路紧张反射。用手托住孩子的颈部，孩子低头的时候，四肢自动向内蜷缩，整个脊柱向内形成弧状，是向前迷路紧张反射。如下面左图所示，这个反射在胎儿期就出现了，出生后3~4个月逐渐被抑制和整合，获得相应的主动能力，也就是说低头不会再引起四肢和脊柱的运动了。而向后紧张迷路反射是出现在刚刚出生的时候，颈部向后启动反射，整个脊柱呈后弯弧形，如下面右图所示。这个反射是刚出生的孩子对抗重力的唯一方式，所产生的运动就像是刚刚登陆的鱼，离开水面后只能奋力地前后摆动。经过一段时间的发展，正常情况下，在孩子9个多月的时候该反射被整合。迷路紧张反射的启动点是颈部，是大脑和身体的关键连接点，对人体的活动起着重要的作用。迷路紧张反射在孩子1岁以后就不怎么活跃了，但往往会延续到3岁才完全消失。迷路紧张反射可以帮助儿童整合前庭感觉和本体感觉，学习在直立状态下保持稳定和平衡。

向前迷路紧张反射　　　　　　　　向后迷路紧张反射

这也能算是运动吗？当然是运动，这个运动可以提升孩子的整个颈部到背部的肌肉张力，短短的几个星期，孩子就能够获得一定的控制迷路紧张反射的能力，有了俯卧抬头的能力，完成对颈部肌肉控制的第一步。这些锻炼将直接影响孩子直立行走中的平衡能力，甚至影响眼部肌肉的发展。

◆ 被动运动

我儿子在两三个月大的时候去做儿保，医生说，他臀部肌肉长得不对称，要求我每天抓着他的小腿帮助他做像蛙泳那样的下肢运动。经过一个多月的练习，孩子的臀部肌肉就对称了，下肢得到了平衡发展。

婴幼儿时期，被动运动更多一些，这些对孩子的大脑和肢体都是有帮助的。第二章讲到的摇篮里的运动，多数是被动运动。我们发现，被动运动在婴幼儿时期对促进婴幼儿大脑的发育和发展意义重大。虽说是被动运动，但从婴儿的哭闹和安抚的过程来看，更像是小家伙自己要求那样做的，只是他靠自己的力量难以完成，需要外力的帮助才能达到运动的目的。另外，在运动治疗中，有一些被动运动可以提高感知能力，促进大脑对身体的控制能力，无论对于儿童还是对于成人都有帮助。

◆ 游戏

游戏所带来的运动覆盖了孩子身、心、脑的方方面面。很多从事幼教的专家会花很多心思来研究游戏，我们从小学会的那些游戏有很多是专家设计出来寓教于乐的运动，用于帮助孩子的生长发育。儿童运动采用游戏的方式不但可以更加吸引孩子，还有利于推广和传承。游戏是孩子的运动，游戏是孩子的表达方式，游戏是孩子用身体理解世界的过程。

无论是跑跳、攀爬类的大运动游戏，还是写写画画、捏拿插拔类的手指的精细活动，都是运动。任何一种运动都不应被忽视，它带来的影响可能是全身性的，也可能直接影响到孩子其他能力的发展。有人说"游戏力决定学习力"，是有一定道理的。

◆ **总结**

本书中提到的运动，并非单纯的体育运动。专项类体育运动往往要在孩子上小学以后才真正开始发展。在此之前的各种运动，无论是原始反射，还是被动运动，或是游戏中的运动，对于孩子大脑的发育和发展起到了至关重要的作用，也是对孩子入学以后的学习能力最基础的建设过程。

有人会说：体育运动之外的那些活动只对我们的生命之初有意义，是人类成长的一个过程而已，有的甚至并非主动，没什么讨论的意义，每个人经历了，成长了，它的历史使命也就结束了。要知道，一切活动皆会留下痕迹，尤其是幼年时期！那些曾经经历过的活动印刻在我们的大脑中，影响的不仅仅是我们身体的运动能力，还影响着我们大脑的活动能力。

畅畅上幼儿园了，但他说话还只能说词语，吐字不清，不能用完整的句子表达自己；小齐上小学了，但他总是横冲直撞，成了班里的"惹事精"；泰宇对写字完全没办法控制，字迹潦草、大小不一，忽上忽下地乱飞；阳阳害怕玩秋千和滑滑梯，甚至连奔跑也成问题；婷婷已经9岁了，但她总是懒散着，精神不振，节奏感和时间概念都很差，像个霜打的茄子……我们总是说"站如松，坐如钟"，可有的孩子就是站到哪里就靠到哪里……

虽然孩子已经开始成长了，但总是感觉哪里出了问题。当我们发现问题的时候，可能孩子已经上学了，但问题的根源却在婴幼儿时期。那时候应该经历的运动已然过去，但孩子成长了，是否已经经历了，是否足够满足他身体和大脑所需呢？并未见得。

成年之后，如果有些原始反射整合得不好，常常被外界刺激引发，这会直接影响我们的学习、工作和生活。比如，有的人肩颈长期处于紧张状态，还有的人经常会因为小事情绪激动，控制不住地手舞足蹈。

最常见的晕车、眩晕症等症状多与婴幼儿时期迷路紧张反射整合得不好有关系。

让我们来做个小测试吧！请把两脚并拢，站在一个较为松软的表面上，分别缓慢地做如下四个动作：

◎ 头部向前弯曲，眼睛睁开。

◎ 头部向后弯曲，眼睛闭合。

◎ 头部向后弯曲，眼睛睁开。

◎ 头部向前弯曲，眼睛闭合。

自己观察和感受一下，是否有头晕，辨别不清方向的感觉？身体是否发生晃动，背部等肌肉是否很紧张？如果是，那么说明这个原始反射还有一些残留在身上，因为颈部运动触发了"机关"。如果有意识地通过训练解决了这个问题，那么与位置空间有关的运动能力也会变强，大脑对身体的掌控能力也会更好，你会发现自己的变化不仅仅发生在身体上，同时也发生在大脑中。

现在，你还会认为长大以后，婴幼儿时期的那些活动不属于运动，都是无须再提的过去式了吗？

运动，本来就是广泛的。如果把"运动"一词集中在体育运动上，就制约了我们对自己身体的认识，也在很大程度上制约了其他能力的发展。本书讨论的运动，是多种类型的运动，是对我们大脑和身体都有影响的身体活动。在这里，带领大家从运动的方面，打开一个新视角——**"越运动，越聪明"。那些早期的运动，既包括自动的、不受控制的或被动的运动，还包括幼儿时期的自由运动和游戏，是对于大脑发育更有影响力的重要部分。**

运动对于孩子的意义超出你的认知

人类经过百万年的进化，逐渐适应了这个不断变化的环境。人类思考型的大脑似乎已经从以狩猎、追寻食物为目的的身体活动中抽离出来，曾经我们以为，"适者生存"的进化发展会让人类的大脑占比越来越大。在漫画里，大脑袋小身体的"未来人"每天只需坐在电脑前，不需消耗太多的能量。

第一章　启动大脑，儿童运动是开启人类智慧的钥匙

想象中的"未来人"

大家似乎已经忘记了，在这个名为"地球"的星球上，重力场，才是人类最需要适应的基本环境；地球引力，才是生活在地球上的一切生物演化的推手。从脊椎动物的进化史来看，大脑每一次里程碑式的进步，都是由环境变化推进，由运动能力来实现的。人类的大脑并没有淘汰那些古老的部分，而是把它们作为发展的基础，深藏在大脑的最核心和最底层的位置。

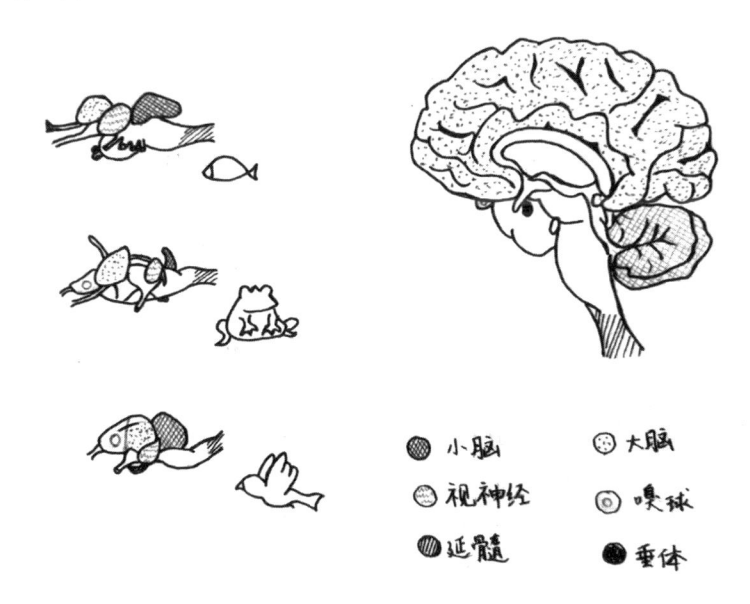

动物的脑与人脑

看看这些动物的大脑，再看看人类的大脑。虽然大脑中那些来自远古的部分

007

被压缩变小、边缘化，但这些构成了我们大脑的最底层，依然起着重要的作用。大脑最初的回路就是食物、活动和学习技能，以达到生存和繁衍的目的。

人类拥有了占据大脑三分之二的新皮质层，这似乎让我们的思维活动从身体活动中抽离出来，但运动对新皮质层就不起作用了吗？当然不是！运动推动大脑发育，让大脑强健，还可以改善大脑。

美国的研究人员做过这样一个实验。他们把小白鼠分成两组，分别放到两个完全不同的环境中：一组小白鼠所处的环境有着足够的活动条件和丰富的活动内容，它们可以自由自在地活动；另一组小白鼠所处的环境正好相反，它们被关进了一个黑暗的笼子里，也没有任何活动内容，每天除了吃就是睡，睡醒了再吃，非常单调。过了一段时间，对这两组小白鼠的大脑发育情况进行检查，结果发现，那组拥有足够的活动条件和丰富的活动内容的小白鼠由于经常活动，大脑明显比那组在条件差的环境中不活动的小白鼠发育得好，具体表现为它们的大脑皮层更厚也更重。

意大利著名科学家和教育家蒙台梭利曾担任过治疗智障儿童的助理医生，那时候智障儿童被关在精神病院里。在那里没有玩具，甚至没有任何可供儿童抓握和操作的东西，管理人员忽视了这些孩子，从来不组织任何活动。蒙台梭利深深地同情这些孩子，她通过观察和研究发现，这样的环境和这样的方法只能加速儿童智力下降。蒙台梭利继承了前辈们的"生理教育法"，认为儿童的智力缺陷主要是教育问题，而不是医学问题，主张对身体有残缺和智力落后的儿童进行感官训练，充分发挥他们的生理功能，促进其智力和个性的发展。她在对这些智障儿童的治疗中采用了"生理教育法"，获得了不错的效果。

蒙台梭利发现，智力缺陷儿童的心理和智力水平比同龄的正常儿童差，但与年龄更小的正常儿童有很多共同点，如感官发育不完善，动作不协调，走路不稳，吃饭、脱衣服之类日常活动对他们来说也有困难，没有掌握好语言，注意力也不集中……据此，她认为自己为智力落后儿童设计的教育方法可以用于正常儿童，而且会获得更显著的效果。1907年，蒙台梭利在罗马贫民区建立儿童之家，主要招收3~6岁的儿童进行教育，她运用自己独创的方法教学，结果出现了惊人的效果——几年后，那些儿童的心智发生了巨大的转变，变成了聪明、自信、有教养、生机勃勃的少年英才。

通过科学家的实验研究和教育家的不懈努力，我们发现，**为孩子提供适合的环境，促使孩子参加丰富的活动，进行更多的运动，是对大脑最好的开发。**

对孩子成长的过程来说，无论是对环境的适应，还是大脑功能的启动和发展，都是由运动来实现的。

首先，我们可以从婴幼儿身上直接观察到人类进化的过程。婴儿出生伊始，他就像一条鱼一样，只会上下摆动，并且晃动头部来觅食；然后，开始像爬行动物那样运用四肢，匍匐行进，扩大活动的范围，觅食和探索；再后来，才能像哺乳动物那样，撑起四肢爬行，可以在更大范围内活动，依然是觅食、玩耍和探索，直到成为直立行走的人类。他不断地活动，反复动作，让肌肉强壮起来，才有能力在重力环境下支撑起自己的身体，昂起头部，一个阶段一个阶段地发展下去。

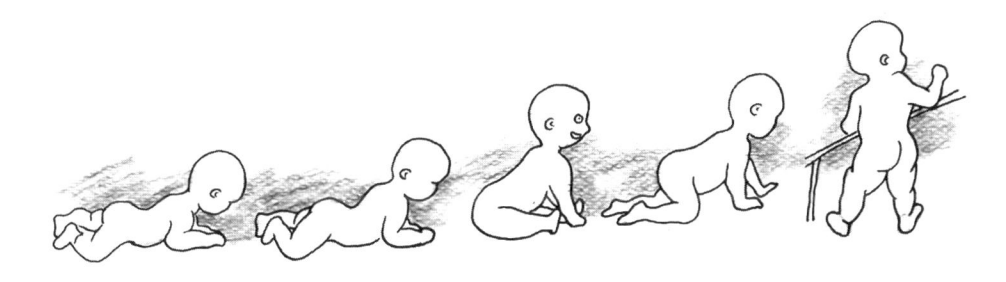

婴儿从抬头到直立

而这些活动，还有一个更为隐秘且重要的作用——就是让大脑的各个部分产生连接，启动大脑中的相关模块，来适应这个阶段的生存状态，同时，推动整个神经系统与身体的各个部分进一步统合，协同工作。让大脑真正掌控身体的每一处肌肉和关节，掌控每一个感官，成为身体的"总指挥"。

孩子的每一个阶段都有不同的运动方式，他自己也会主动寻找和发掘那些活动，逐渐发现怎样的活动可以帮助自己达到目的。

孩子会走路以后，家长应把孩子带到户外，让他自由活动，奔跑、攀爬、抛掷、挖土、搬运，这些活动都是与生俱来的习性，他知道自己需要这些，这些给他带来快乐，可以让他更进一步掌控自己，适应环境，达到目的。在户外自由的环境中，我们可以引导他活动，也可以放任自由，让他探索、寻觅，充分运用眼睛、耳朵、身体，并深入地启用大脑的学习能力。

接下来，孩子开始寻找玩伴、运用器械……在这个过程中，大脑的各个部分启动起来，相互配合，构成各种回路，搭建各种网络。通过反复的练习，这些配合越来越熟练，网络也变得越来越强健。

运动对于孩子来说是如此的重要，是启动大脑对身体的控制，更是助力大脑各个功能模块建立连接的力量。在孩子早期养育过程中，如果家长能够尽早地意识到这些，被束缚和被耽误的情况是可以避免的。但首先需要的是家长能够发现和理解孩子身上出现的问题或特点，抓住孩子成长的关键期，让孩子通过充分自然的方式获得平衡和良好的智力发展。

大脑从发育到成熟的过程中，运动有着举足轻重的作用。运动在大脑发育和发展的过程中既是能量来源，又是外显形式。我们从孩子运动能力的表现上，可以观察到他的大脑发育情况；并且，也可以通过运动促进孩子的大脑发育和发展。

很多家长以为，即使不关注这些，孩子也是会长大成人的！随着科技的发展，孩子的成长反而越来越脱离自然。更多的时候，本该在户外自由运动的孩子却被关在家里看电视和玩电子游戏等。这样大人可以解放自己，孩子可以安全又省事地长大。大人也会选择适当的内容让孩子安静地"学习知识"。等到上学后，才会发现越来越多的孩子有阅读障碍、运动障碍、数学障碍等。这一系列身体和智力方面的困难和挑战的原因基本上源于孩子早期的运动发展出现了问题。

我儿子小时候不会用四肢撑起来爬行。那时候，无论我怎么努力帮助，都是无济于事。爷爷奶奶更愿意助力他站起来走，于是，他绕过了四肢撑地爬行，从匍匐爬行直接学会站起来行走了。随着成长，问题慢慢地显现出来了：他不太喜欢攀爬类的、需要上肢力量的运动；和小朋友一起玩的时候，总是担心被撞到，显得有些胆怯；身材瘦小，尤其是上肢和上身；上学以后，书写困难逐渐显现出来，对于握笔的力度总是难以掌控，字的大小和方向都无法控制，对于身体平衡的掌控能力也不强，看到同龄孩子骑着自行车满院子跑他非常羡慕，从四年级就开始学了，学学停停，直到六年级才学会骑自行车。

现在的孩子，尤其是城市里的孩子，户外活动往往是不够的。根据这些问题和改善的需要，涌现出不少针对儿童的感统训练机构和注意力训练机构。经过与相关机构的负责人的交流和讨论，得出的结论是：充足的户外运动和儿时伙伴间不受制约的身体接触可以解决以上的大部分问题，甚至根本不会产生后续的各种学习困难。但是，现在的城市生活已经很难满足孩子的运动需求了。充足的户外运动和伙伴间的身体接触是身体发育的需求，更是大脑的需求。

法国科学家进行了这样一项研究：他们选择了两组学生，从小学一年级到六年级不等。A组学生参加额外的体育运动，B组学生没有额外的体育运动。一段时间之后比较他们的学习成绩。结果发现，尽管A组相较于B组接受法语的课时缩短了13%，但从一年级到六年级，A组都比B组在实验课程的学业上成绩要好。

很多父母把孩子送到专业的运动机构里练习打球、游泳、武术等，这都是非常好的运动，对孩子很多方面的能力和性格磨炼都有好处。**但在学龄前，还是应该留给孩子更多的时间来进行户外自由活动和游戏，这对于孩子的心理建设和大脑发育更为有益，因为自由活动无可替代。**

从孩子出生开始，运动就是生命的重要组成部分。孩子的运动经验在塑造人格、感悟以及创造成就中起着关键的作用。学习不仅仅指的是阅读能力、写作能力和数学计算能力，也包括思维能力、控制能力和组织计划能力等，这些能力都是建立在大脑和身体之间的整合关系上的。

多元智能，运动帮助孩子打开更多的通路

◆ **运动，本就是智能的一种**

美国心理学家霍华德·加德纳在多元智能理论中介绍了人类拥有的七种智能，分别是音乐智能、身体－动觉智能、逻辑－数学智能、语言智能、空间智能、人际智能和自我认知智能，每一种智能都有自己明显的核心运作方式，通过特定的内部或外部信息的作用，每一种智能都可以被活化或激发。我们每个人都拥有这七种智能，是这七个方面的复合体。所以，对于一个人的智力的评估不应该仅仅是在逻辑—数学智能和语言智能方面，有的人在一种智能上不够优秀，但他拥有其他方面的优秀智能，这才真正体现了每个人的各有所长。

这个理论提出后，在教育界引起的震动更为强烈，它为因材施教提供了有力的指导。加德纳教授认为：多元智能理论让人们看到了更多的可能性，让教育更多元化，而不是让家长陷入更疯狂的开发智力的行为中。没有人能把多种智能同时开发到很高的水平，但不同的智能之间可以起到互补和促进的作用。

身体－动觉智能，也就是运动智能，这是一种生存本能的智慧。它随着物种的进化，深入到我们生活的每一个方面。智能是一种处理信息的能力，也可以说是解决问题、创造的能力。那么，运动既然可以作为一种智能，难道也有这些能力吗？答案是肯定的。

就拿乒乓球和羽毛球为例来说明一下。打球的时候，我们看到对手发球出来，从发球的动作和位置，以及球离开拍子的速度和方向，我们的大脑在几分之一秒的时间内就可以判断出球的落点和接球的位置，接球的时间、力度控制都是在瞬间反应的，甚至还会计算出由于外界环境的影响，球的方向和力的变化。接球的时候通过观察对手的位置和平衡状态，快速决断自己应使用的力度、发力的方向，是打个底线球还是吊一个刚刚过网的球。通过肌肉的微调，就可以让球的速度和

方向发生大幅度改变，以控制球的速度和落点。甚至还可以在运动过程中不停地调整自己的战略方案，用假动作来迷惑对手。这方面的计算和判断与数理化学习大不相同，可以说是瞬时完成的。听起来好像很难，但是普通人通过训练都可以做得到，这是因为每个人的身体本身都具有非凡的创造力。运动健儿们通过训练，提升自己的运动智能，比一般人有更好的能力来处理运动中的问题。所以说，这是一项独立的、完整的能力——运动智能。

羽毛球运动

多元智能之间，还可以产生相互的影响。运动智能发展得最早，关系到生存，也是其他智能的基础，对于其他智能起到正向的影响。

比如，有着身体－动觉智能优势的人可以通过手势等身体语言向他人表达自己的意图和有关信息，从而弥补他在语言智能上的不足。而一位演讲者，可能通过身体－动觉智能的强项，在舞台上演讲时结合大幅度的动作和表情达到自己的目的。这是一种智能对另一种智能的"补偿效应"。

再比如，航海和使用地图、下棋，还有视觉艺术，都需要空间智能。我们对空间的感知和自身位置的知觉是在从出生就有的运动中逐步获得的。运动对于空间智能的锻炼和发展起到了关键的作用。

手眼协调、平衡控制都是运动智能的重要部分，而这些不仅仅是身体活动的基础，也是大脑运行方式的基础，是用于评价智商的逻辑—数学智能和语言智能的学习训练基础。所以一般情况下，也可以说运动智能是其他智能的基础。

优秀的运动员拥有更多的大脑皮质。瑞士研究人员发现，优秀的高尔夫球运动员在前额叶和顶叶涉及控制动作能力的区域，有更多的灰质体积。中国科学家发现，专业跳水运动员大脑的几处皮质更厚，而这一区域皮质层控制着感知能力，对于观察学习能力起着至关重要的作用。对于跳水运动员来说，这是他们学习和提升技能的主要途径。

现在，你还认为运动能力强的人是"四肢发达，头脑简单"吗？通过观察发现，运动能力强的人，在其他方面的学习能力以及适应能力都相对较强。

◆ 运动不仅仅体现在智能方面，还可以帮助孩子尽早懂得很多道理

我儿子的小伙伴畅畅早期发育比较慢，上幼儿园的时候常常说不了一句完整的话，吐字也不清晰。在幼儿园里总是找妈妈，和小朋友相处有困难。当畅畅到了5岁半，父母送他去学游泳，这项运动的学习和训练完全按照他的节奏进行，他可以在这项运动中体会到掌控的感觉，就慢慢地喜欢上了这项运动。随着技能的提高，他的自信心也越来越强。渐渐地，畅畅的其他运动能力也提升了，在轮滑和篮球上都表现得很好。他越来越受欢迎，甚至有了点孩子王的派头，还当上了班里的体育委员。他的妈妈很开心，总是说，是运动帮助了他。

是的，孩子与成人一样喜欢掌控，运动让孩子找到了掌控自己身体的感觉。运动还可以帮助孩子尽早树立自信心，明白自信是可以通过自己的努力获得的，同时还可以收获同伴的认可与尊重。

我儿子小学时踢足球。在他上低年级的时候，一次他回来说："妈妈，我以后不能随便指责别人，而且我还要花更多的时间练球。"我问他为什么，他说："今

天,足球课外班的同学分成两组比赛,我当时走神了,漏了一个关键的球,我难受死了,好担心大家来指责我。可是教练说,每个人都可能犯错,团队中不能互相指责。所以队友们也没人埋怨我。"他表情认真又坚定地说:"虽然他们没责备我,但我自己可不能就这样算了,以后我要更加努力,花更多的时间练球。"

团队合作是运动带给孩子们非常重要的一课。

◆ 体育对于孩子的教育来说是非常重要的部分,尤其对于那些智力发展较早且智商较高的孩子

身体的能力跟不上大脑的发育,往往过于敏感和孱弱,不利于平衡发展。如果父母觉得孩子很聪明、爱思考,一定要多多把孩子带到户外参加运动,这对于他的均衡发展和身心健康极为重要。

北京中科青云实验学校依托中科院心理所超常儿童研究中心,由心理学专家团队经营管理。学校的主要招生对象是那些在某个或某些方面,如智力、数学、音乐、舞蹈、体育等,明显优于普通儿童的超常儿童。学校的教育理念是以体育为基础、以德育为核心、以培养创新精神为重点,把学生培养成具有中国文化底蕴、国际视野和社会责任感的拔尖创新人才。

所以,在这个超常儿童的教学体系中,体育占有重要地位。校长施建农教授认为:充足的体育运动,不仅对学生的生长发育,特别是大脑的发育有着重要作用,同时对于学生求知欲、好胜心、坚持性、独立性、自我概念等非智力因素的培养,以及青少年领导力的培养也至关重要。北京中科青云实验学校日常安排了大量的体育运动,每周还会有一次自然体育活动,带领学生走进大自然,去学习和探索,进行体魄和意志品质的锻炼。

我们也会发现世界顶尖的运动员中,有一些人在学业上或在工作上也是卓越的。

运动，是大脑与外界联系的手段

自然界中，动物很多时候是通过行为和运动来表达自己和传递信息的。比如，蜜蜂通过跳舞来传递信息，雄鸟通过振翅向雌鸟发出信号，猫攻击人表达它的恐惧和害怕，狼把腹部朝上表示服从、夹尾巴表示示弱……而我们却把人类运动视为强身健体和提高心肺功能的方式，这似乎太小看运动了！

一些心理学家认为，肌肉是中央神经系统的一部分，大脑通过对肌肉的控制来掌控身体，与外界产生联系。这些控制不仅是控制身体的大肌肉群，还会控制小肌肉群以完成各种精细运动。比如，说话是由口腔等发声器官肌肉控制的，如果控制得不好，就会发音困难，吐字不清；如果口腔肌肉不强壮，还会容易疲劳，继而发音不清楚。眼睛是由眼球内部和外部的两组肌肉控制的，内部的虹膜（又称虹彩）和睫状肌调节瞳孔的大小和水晶体的焦距，外部的六块肌肉控制眼球的转动，眼睛累了需要按摩眼周肌肉来进行放松，锻炼眼部肌肉对视觉功能有帮助，还可以预防近视（本章的最后会介绍个锻炼眼部肌肉的小方法）。我们通过控制面部肌肉来表达感情，控制手腕和手指上的细小肌肉制作各种用品和工具。大脑通过感觉器官和肌肉与外界建立联系，表达自己——表达自己的思想，表达自己的创意，表达自己的情绪感受。

运动不应与其他功能割裂开来，肌肉也并非只为健康服务。那真的是大材小用了！运动与大脑发育和心理建设都息息相关，没有运动，健康与发展是不可能实现的。在儿童成长阶段，这个关系更加密切，正如蒙台梭利在其《有吸收力的心灵》一书中所说："儿童是通过运动来提高自己的理解力。运动帮助大脑发育，发育后的大脑对运动又起帮助作用。这是一个循环过程，因为大脑和运动都是同一个体的两个部分。"

所有的运动都是各个相关部分的精密配合，而这并非是与生俱来的，人类从出生就开始努力地通过运动来磨炼这种配合能力，就像有一种内在力量，促使人向着某个方向发展，让人从内到外、从大脑到肌肉的各个部分可以微妙地配合，达到和谐。儿童在这种内在力量的驱动下不断地练习来完善自己。

每一种动物都有自己的运动方式，猎豹可以急速奔跑，青蛙可以跳跃、游泳，雄鹰可以在天空中翱翔。人类的运动却是多种多样的，可以学习不同动物的运动方式，还会利用工具扩展运动能力；可以学习攀爬、学习游泳，还可以借助工具实现飞翔的梦想。这些都来自选择，即大脑的选择，并通过意志力进行训练和坚持，以达到目标。无论是成为舞蹈演员，还是成为游泳健将，并不是完全依赖天分，更多的是选择，然后通过意志力来坚持训练提高。选择和意志力，都是大脑的功能。

如果离开运动独立发展大脑，是有害的，孱弱又敏感的孩子与外界建立联系会发生困难。中科青云实验学校对超常儿童教育实施"以体育为基础、以德育为核心"的教育理念是非常值得我们思考和学习的。但是，运动是很难离开大脑而独立开展的，以下两种情况除外：一是反射，二是危险。当运动状态处于惯性时就不受控制了，很容易发生危险。

人们在追求实现自我价值的过程中，行动力是最主要的条件之一。我们努力发挥自己的所有潜能，运动与工作和生活密不可分。除了所有动物的运动都有的目的性以外，人类的运动还有社会性，具有创造力。运动是大脑与外界联系的方式。

> 下面介绍一个眼部运动，用于锻炼眼部肌肉，提高视觉能力，预防近视。
>
> 第一部分，在30米外找到一个视点 a，可以是一个树梢，也可以是一个基站塔尖，如果场地有限，这个距离也必须超过10米。再在眼前10厘米左右找一个视点 b，可以是一片叶子的叶脉，也可以是手指。然后先目不转睛地看视点 a 20~30秒，再转而看视点 b 10~20秒。做三个来回，这个过程中尽量不要眨眼。

第二部分，假想自己面前有一个巨大的表盘，按照顺时针方向缓慢地从1点看到12点，然后再从12点逆时针看到1点，转两个来回。

第三部分，闭上眼睛，停一会儿，搓热双手掌心，轻轻地放在眼睛上，缓慢睁开。

完成一组训练只需要几分钟，一天能做两三次就很好。

第二章　升级大脑，儿童运动助推大脑系统升级

> 大脑由内而外分为几层，每一层都控制着人体相关的功能。正是运动，让大脑的每一层得以完善，并向高一级别发展。

脊椎动物在演化过程中，从海洋走向陆地，环境的不同带来运动方式和生活方式的巨大变化，大脑也在适应环境的过程中不断地发展变化。从演化的过程看，运动就像是大脑发展的推手，促成大脑的演化。

婴儿一出生，大脑的发育基本完成，但他什么都做不了，需要长时间被抚养和照顾。这个期间，运动再一次表现出它无与伦比的推动力，让大脑启动起来，运转起来，并进行系统升级。

最初的运动是从原始反射开始，通过对原始反射的整合，发展出各种姿势的运动，完成大脑对身体的分步控制。这是运动能力的基础，也是开启大脑学习能力的基础。如果这个过程发展得不完全，原始反射没有发展出来或者没有得到整合，不仅会影响运动能力，还会影响学习能力。

连接，运动开启神经系统的各级连接

像洋葱一样，大脑也是一层包着一层，每一层都可以单独处理信息，虽然简

单，但依然可以让身体有类似反射的反应。但我们是有智慧的、高级的、文明的人类，心跳、呼吸可以不可控，而行为不能不受控制。绝大多数的信息需要传导到新皮质层进行处理，获得判断和控制。大脑的每一层都需要有充分的连接，信息才能传导顺畅。

大脑分为左、右两个半脑，两者之间由叫作胼胝体的神经束进行连接，这些连接需要启动真实意义的信息传导。新皮质层根据位置，被划分为额叶、顶叶、颞叶和枕叶。而每一部分又因其功能不同，被划分为很多模块。这些都需要被顺畅地进行连接，如果有一处连接不当，都会影响身体功能、思维能力或者是学习能力。

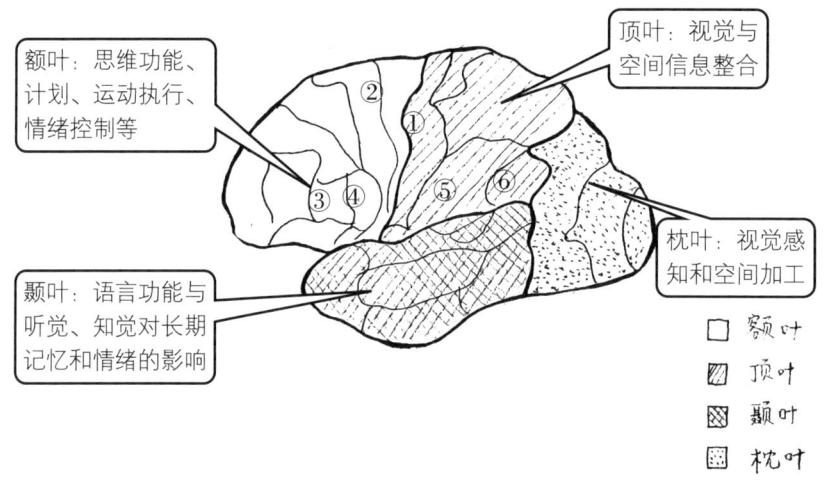

额叶：思维功能、计划、运动执行、情绪控制等

顶叶：视觉与空间信息整合

枕叶：视觉感知和空间加工

颞叶：语言功能与听觉、知觉对长期记忆和情绪的影响

① 躯体感觉中枢　② 躯体运动中枢　③ 眼球协调运动中枢
④ 运动性语言中枢（布洛卡区）　⑤ 听觉性语言中枢（威尔尼克区）　⑥ 视觉性语言中枢

大脑皮层分区图

比如，阅读是我们学习和工作都需要的活动，过去大家都以为只要认识字，自然就可以阅读了，但事实并非如此，阅读并不简单，它是一种必须经过学习的能力。

我儿子认字是比较早的，他对文字非常感兴趣，5 岁时，绘本上的文字都可以自己认了，我尝试让他自己阅读。他可以慢慢地独立阅读绘本，因为有大量图片，结合文字就可以理解故事内容。但开始接触文字更多的书籍时，我发现，孩子虽然认识那些文字，但不能够理解它们，直到上小学的第一个学期，他仍然很难阅读纯文字的书籍。直到第二个学期，他才可以阅读内容简单的纯文字书籍了。

在阅读时，大脑参与的区域很多。首先从眼睛吸收的是视觉信息，然后把视觉信息转化为听觉信息，通过整合，最后传输到额叶这个"总指挥部"进行理解。参与这个过程的区域有：整合视听觉信息的角回，辨别声音能力的听觉皮层，生成语言的布洛卡区，整合认知过程的小脑，涉及眼部运动的运动皮质，涉及感觉刺激的感觉皮质区域、视觉皮质，让我们听到阅读内容的威尔尼克区，专注和理解的前额叶，等等。

日本科学家曾做过一个阅读障碍的研究实验。通过核磁共振观察脑电波在阅读过程中大脑各个部分的工作情况。能够正常阅读的人阅读时，几个脑区同时活动；而有阅读障碍的人，几个脑区并不工作，好像传导中断一样，还有些则是信息的传导直接跳过某些本应活动的脑区，进入下一个区域了。

有阅读障碍的人并不少，著名艺术家、科学家达·芬奇，伟大的物理学家爱因斯坦，新加坡"国父"李光耀，都有阅读障碍。著名音乐人萧敬腾自曝有阅读障碍，他在采访中说："看电影的时候，别人哭得泪水涟涟，可是我根本不知道故事说的是什么，他们为什么会那样。"但这并不影响他在音乐上的成功。他说："我在音乐上的成功完全源自我对音乐的热情。"

连接，成为大脑活动的关键因素。底层向上层传导的连接，左、右半脑的连接，各个脑区的连接。同时，大脑需要与身体建立有力的连接，向身体发送指令，保证身体的正常运行和活动。

运动对大脑各部分的发育，以及促成各个部分之间的连接都起到了非常重要的作用。

刚出生的婴儿大脑已经发育得基本完整了，到了3岁左右，大脑与成年人已经基本无异了，甚至神经网络更为丰富。但他的各种能力却需要长时间的学习和锻炼。我们观察婴儿的行为发展，从像鱼类那样前后摆动身体开始到站立这些运动发育的过程，就像逐层打开"鱼脑""爬行脑""哺乳脑"和"思考脑"（下节有述）。运动与脑的层次发育是相对应的。每一种运动在得到充分的锻炼以后，就会进入到下一个阶段的运动能力的锻炼，孩子吸收信息的方式也逐步增加，学习方式也获得了发展，这应该就是大脑向更高一个层面连接的过程。

一位 8 岁孩子的妈妈在描述自己孩子的状况时，说："总感觉他像个小动物，他的行为、动作有的时候像猴子，有的时候像老鼠，反复的、不稳定的动作特别多，不能安静地多待一会儿。"经过观察和测试，我们发现，这个孩子的运动发展较为滞后，早期的养育过程中，他的运动能力没有得到完全的发展和运用。

有一些孩子，刚入学就能很好地进入学习状态，能够快速掌握知识，在书写、阅读、数学等方面的表现优于同龄人。这样的孩子，他的运动能力也比较强，可以很快掌握运动技能。我们认为，这些孩子早期的运动得到了充分的发展，所以大脑的各部分获得了充分的连接，并在运动中习得了配合协调的能力。

在临床实践中，运动治疗方面的研究人员发现，身体的运动能够促成大脑各个部分的连接，经过反复的运动，还能增强相关连接的能力。瑞典的克斯汀·林德通过模拟婴儿的被动和主动的动作来治疗运动和发展障碍，瑞典哈罗德·布隆贝格医生运用林德设计的这些动作来治疗小儿麻痹后遗症，都取得了惊人的效果。对于脑损伤的患者，医生制订的康复训练基本上是通过运动来实现的。运动，尤其是反复的、渐进的运动，可以帮助大脑重建连接，或是直接构筑新的神经网络来弥补损失的功能。

神经学家研究发现，大脑内的每个神经细胞（神经元）是通过树状分支上的突触相互连接形成网络的，大脑的能力是否强大并不是取决于脑细胞的数量，而是取决于由这些神经细胞构成的网络是否丰富且复杂。运动，可以促进这些分支的生长，并发出许多突触来形成网络连接，从根本上增强大脑的机能。

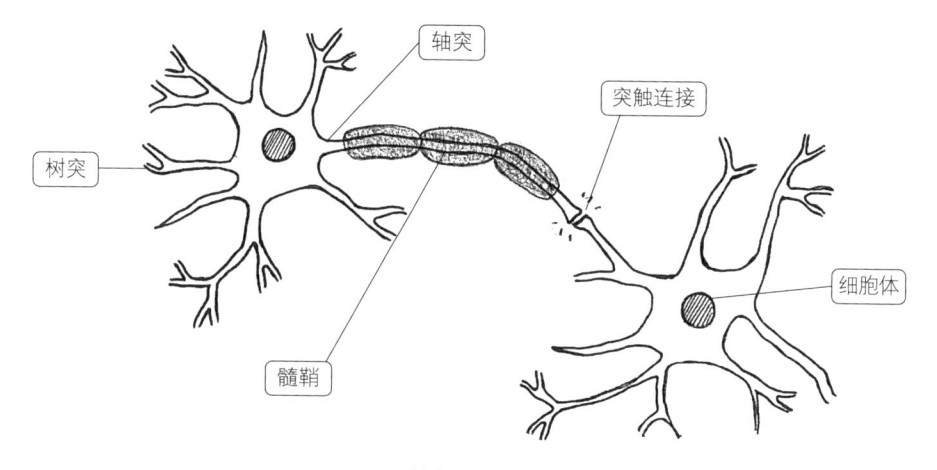

神经元连接

孩子从出生到 3 岁这个阶段，大脑的新陈代谢持续增强；到了 3 岁左右，大脑的活动量约为成人的 2.5 倍，突触的数量超过成人水平，密集程度大约是成人的 2 倍，形成大脑发育的高峰时期。而这时候，孩子的左右手习惯基本建立起来了，感觉和运动控制的基础已然建立，与大脑的感觉运动区生长相关的知觉及语言能力飞速发展。由此看出，运动的发展促进了孩子大脑的发育。运动能力带来的也是大脑全方位的启动。

3~7 岁，孩子的各种能力也全面发展起来，尤其是对于运动和感官的协调工作，这是一个关键期。**这个阶段的孩子在运动方面，主要的原则是"自由"和"丰富"**。无论是远古的人类，还是现在的人类，这个阶段的孩子都自然而然地学会了吃饭、说话、走路、跳舞，甚至打斗，因为这些都是生存交往与活动必须要做的事儿。虽说"自然"，但并不简单，就像蜜蜂跳舞、小鸟筑巢、老马识途一样，充满了自然的奥秘。

接下来，会进入一个大脑的非常重要的阶段——突触修剪。入学以后，学习和运动都向系统化、专业化方向发展。那些常用的神经网络路径更为稳固，形成这些网络的神经突触变得更加粗壮，也获得了髓鞘化得以保护。髓鞘化是个重要的过程，神经元突触建立连接以后，就像是被架好的电线通路，必须用绝缘材料包住电线的导电铜芯才能保护通过的电流不会流失。同样的道理，当突触连接建立起来以后，髓鞘就是这个连接的绝缘层，保护信息流通更快、更准确，避免损失。那些不常用的神经网络路径中的突触则被修剪掉。大脑的神经网络与所有的能力一样——"用则进，不用则废"。

"三岁看大，七岁看老"，这句俗语正是契合了大脑发育和发展变化的两个关键年龄段。过去的心理学家认为，婴儿的头脑呈混沌状态。在新的研究中显示：婴儿比我们想象得更早开始了解周遭世界，他生而具有思考、观察和寻找真相的能力，并逐步学习数学、物体因果关系和理解别人的意图。奥地利心理学家阿德勒认为："儿童在两三岁时就为自己确定了一个追求优越的目标。这个目标指引着他，激励他以自己的方式来达成。"在这个时期，孩子形成了自己的思维模式——他做的每件事都是他的总体生活和整体人格的表达。阿德勒把这种现象称为"人格的统一性"。我们说，焦虑会遗传，思维模式会遗传，其实这应该是孩子在两三岁时就在环境中习得的方式。只有反思型的家长才有能力打破这种"遗传"的魔咒。也正因为如此，我国的教育中不断地提倡"家风、家训"，学习优秀的"家风、家训"确实可以改变家族的门风。

现在，网络建好了，用什么来传输信号呢？脑神经递质。神经递质是帮助信号从一个神经细胞传递到另外一个神经细胞的化学物质。研究发现，运动可以增加大脑神经递质的水平，如血清素、去甲肾上腺素和多巴胺等。正是这些化学物质，在我们的大脑中传递着各种信息。运动能释放一连串影响神经系统的化学物质和生长因子，帮助维护大脑的基本结构。3~7岁孩子的运动方式多种多样，而且只要醒着，就动个不停，这个年龄段的孩子大脑中神经递质密集程度远远高于成人。

神经学家还发现，肌肉运动产生的蛋白质经血液运送到大脑，这些蛋白质在我们最伟大的思考机制中发挥了关键的作用。

总的来说，**大脑各部分的连接，从运动开始，因运动而完善，借由运动而稳固下来**。无论是神经网络结构，还是神经递质的传送，或是蛋白质供应，都离不开运动。

从"鱼脑""爬行脑"到"大脑皮层",
运动推动进化,促进大脑升级

大脑是个谜,我们拥有它但不了解它。有人说,人类对宇宙的了解都比对大脑的了解更多。科学家们努力地探索,试图通过充满想象力的描绘和解说让我们窥其一二。

◆ **人类的大脑就像是洋葱,由内向外,由底向上,一层一层**

在大脑中心位置的底部,是由脑干、中脑和延髓组成的神经底盘,是脑的核心部位,美国神经学家保罗·麦克莱恩把它称为"鱼脑"。在生物进化的进程中,鱼类是最早的脊椎动物,在鱼的脑中,这个结构已经存在了,并占据了鱼脑的绝大部分。这个最原始的结构,隐居在人类的大脑深处,控制着我们的呼吸、心跳、血压等生命基本功能。同时,它身居大脑与脊髓连接的核心位置,信息通过它上传下达。

胎儿期的运动模式

在胎儿期,"鱼脑"部分就开始发育,并逐步执行自己的功能了。胎儿会在子宫里灵活地动来动去,就像鱼一样游来游去,觅食、玩耍,遇到紧张和压力时一动不动。这时候的运动基本依赖受神经底盘控制的反射活动,称之为"原始反射"。当孩子出生时,他就像一条刚刚登陆的鱼,一切要重新开始,包括新的重力环境、新的呼吸条件。有趣的是,刚出生的宝宝还是个熟练的游泳者。

围绕着神经底盘的是视网纹、纹状体、小脑,这部分控制攻击行为、地域性和社会性。爬虫类动物的脑中也有这一层,这部分

4～6个月婴儿运动模式

025

脑与"鱼脑"部分一起称为"爬行脑"。爬行脑所负责的也是非随意性行为，属于本能性的身体反应。比如，遇到烫的东西快速收回的动作，朋友相见下意识地微笑，或者激动时不自觉的肢体动作，都是由"爬行脑"掌管，不受思维控制的活动。"爬行脑"带来的反应就像爬行动物一般呆板、偏执、冲动、一成不变和多疑妄想。在出生后的几个月里，婴儿努力地抬起头，学着使用四肢、控制四肢，匍匐在地面的身体通过运动来适应重力带来的平衡挑战。

围绕在"爬行脑"周围的，是丘脑、下丘脑、海马体、杏仁体和扣带回等边缘系统，这部分结构是古老的哺乳动物所共有的，称为"哺乳脑"。生物进化到哺乳动物时，边缘系统便出现了，情绪也成为社会组织和生存的重要条件。这部分大脑负责情绪调节、记忆和激素控制。与情感、直觉、哺育、搏斗、逃避以及性行为紧密相关。

婴儿膝手爬行运动模式

在"哺乳脑"的外层，才是我们人类引以为傲的组织——大脑皮层。其中极小部分是古皮质，鱼类已经出现。而在人类大脑皮层上，96%的是新皮质层，是人类进行思维的部分，负责人类的各种高级认知机能——语言、记忆、判断、推理、计划等。

"只要是经历过的，都留下了痕迹"，人类的进化在大脑中也留下了重要的痕迹。

◆ 脑是如何工作的

简单概括一下，通过平衡感受器官、触觉器官、本体感受器官、运动感受器官和视觉感受器官等感官系统收集到外界信息，并将其传输到神经底盘，经过处理再由最底层向大脑外层传递，最后到达前额叶的指挥部，进行信息整合、目标规划、选择决策等，并下达命令。

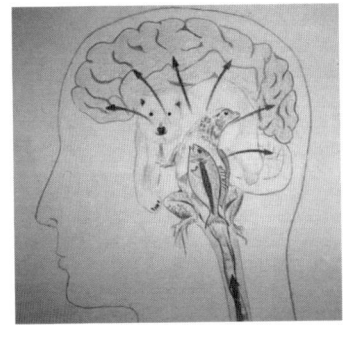

信息由下向上，由内向外传递

也许你会认为这个整套的系统就像一台超级复杂的电脑，统一处理所有的输入信息。其实不然，底层脑是可以单独处理信息的，就像一台老旧电脑一样，虽然功能简单，但有一套完整的运行体系，收到外界来的刺激可以直接处理。比如，眨眼这样的自我保护动作，或是有东西飞来时下意识的身体躲闪。信息无须传送到大脑的皮质层，直接由大脑底层的原始部分就处理了，并反馈到身体做出反应。

顾名思义，"鱼脑"像鱼那样工作；"爬行脑"就像鱼脑的升级版，如爬行动物一样处理信息；到了"哺乳脑"，活动和思维更为灵活了，是像老鼠这样古老的哺乳动物拥有的属性。虽然，人类的智力能力是大脑新皮质层的工作体现，但基底那些古老的脑的发展依然起着重要的作用。就像电脑的最基础的部分，一旦出现了 bug（故障），即使后面升级的功能多么强大，依然是隐患，可能带来大的影响。

那么，怎样使大脑的每一层都能够得到充分的发展呢？又怎样可以让每一层大脑完整充分地连接起来，顺利升级，不留 bug 呢？

原始反射，人类初始运动的价值与影响

前面多次提到了"原始反射"，那么原始反射具体是什么呢？对我们有什么影响呢？为什么值得我们关注呢？

原始反射，是新生儿与生俱来的自动而刻板的动作，也是婴儿特有的反射，其控制中枢位于脑干部分。众多的原始反射是胎儿得以娩出的动力，是人类初期生存的基础，也是后来发展出分节运动和随意运动的基础。这些反射可以反映新生儿的机体是否健全，神经系统功能是否正常。

原始反射通常是不精准的，容易泛化，就像软体动物那样，一"触"而动全身。伴随中枢神经系统的发育和逐渐成熟，原始反射被抑制，取而代之的是新的动作和运动技能的获得。多种多样的原始反射，在出生后 2~6 个月内就消失了大部分。如果原始反射没有正常发展出来，或是到了一定的年龄依然有残存，都是异常的

表现，甚至被看作病理反射。

比如水母这种原始的低等动物，它的运动就属于反射。由于它的神经系统中，神经元之间没有突触连接，没有神经节，没有中枢，因而神经细胞的兴奋，可以向任何方向传导，刺激身体的任何部分都能引起全身性的反应，就是反射泛化的状态。

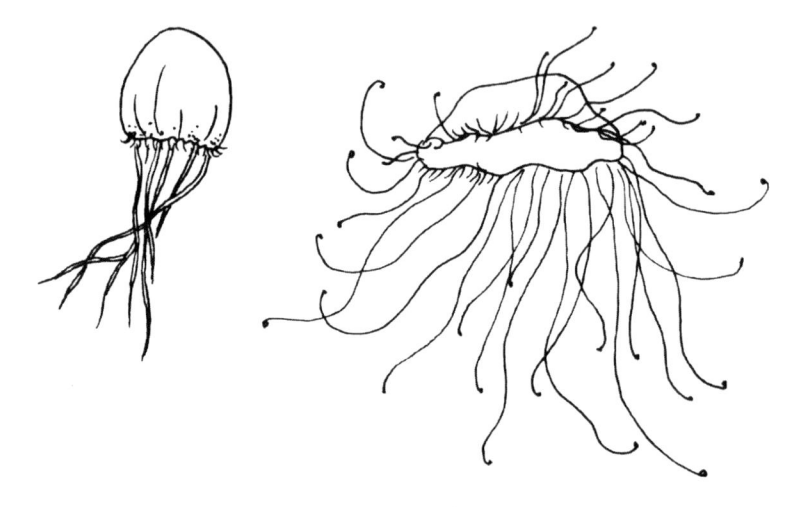

水母的运动

人类的原始反射多种多样，有的从胎儿期就存在了，有的是出生后开始出现，在孩子还不能自主地控制运动的情况下，负责孩子的活动，以保证最基本的生存。比如觅食反射，孩子通过这个反射来找到食物；又如抓握反射，这是保证自身安全的反应，大人常常由此看到孩子对安全感的需求反应。原始发射出现以后需要一段时间的发展，充分发挥相应的作用，然后，在孩子的成长过程中完成了它的使命，逐步退出他的身体，这个过程叫作被抑制或被整合。更进一步，就会被姿势反射和自主运动替代。神经科的医生往往会通过原始反射的发展和整合的状况，来判断孩子的神经系统是否正常、完善。

在这些原始反射中，有一些是全身性的反射运动，影响深远。

◆ **迷路紧张反射**

前面提到的迷路紧张反射，就是一个出现早、持续时间长的非常重要的原始反射。前面说过，它的触点是颈部，当颈部向前时，整个身体向内蜷缩；当颈部向后时，整个身体展开，向后弯。婴儿出生后的几个星期，迷路紧张条件反射是他对抗重力的唯一方式。这个反射，让整个颈部、背部和腿部的肌肉张力增强，帮助婴儿能够逐渐进入直立状态并保持稳定和平衡。假如迷路紧张反射整合得不好，最明显的问题就是平衡问题，比如恐高，或者向上看的时候会头晕；还可能出现肌肉张力低、关节过于灵活、空间感觉困难等。这个原始反射对其他反射也有影响，尤其是当这个反射整合得不好，其他与颈部有关的反射也难以整合。

小琼快6岁了，妈妈观察到她的眼睛总是不太灵活，好像运转有些不顺畅，平衡掌握得很不好，动作也不太协调，爬楼梯感觉很困难，常喜欢用脚尖走路，腿部显得僵硬。坐下来的时候，姿势总是很难稳定，有的时候身体直挺挺地在椅子上和桌下斜伸着，有时趴在桌上用手撑着头，感觉颈部撑着脑袋是个很辛苦的活儿。小琼妈妈很困扰，带她做了不少的检查。这些表现正是迷路紧张反射没有被完全抑制，还有残留所表现出来的特征。

◆ **恐惧麻痹反射与摩洛反射**

恐惧麻痹反射和摩洛反射属于防御型反射，不仅与我们的身体相关，而且与我们的心理相关，关系到我们最基础的安全感建立（安全感的构建见第七章）。

比如，一只昆虫或蜥蜴等小动物遇到惊吓时，就会全身性退缩或者不动装死，人在胎儿期也会出现同样的情况：遇到压力或受到惊吓时，就会全身性退缩、冻结，甚至关闭身体系统，这就是恐惧麻痹反射。这个原始反射是在人类的胎儿期发展的，随着胎儿触觉意识的不断发展，系统关闭的频率开始减少，这是人类学习应付压力的第一步，奠定了学习在这个世界上产生安全感的基础。随着婴儿的出生，恐惧麻痹反射被抑制，接替它来应对紧张和压力的是摩洛反射。恐惧麻痹反射的活跃会导致摩洛反射也无法整合。恐惧麻痹反射也可能没有得到完全整合，那么就会引起对压力的低容忍度，对感觉刺激（触摸、声音、光线或视野的突然改变）过于敏感等问题，像选择性缄默症、过分害羞或眼神交流困难等常常与此有关。

对于准妈妈来说，应尽量避免接触有害环境，保持心情愉快，以降低来自环境和母亲情绪上对胎儿的压力，减少触发恐惧麻痹反射的机会；否则，胎儿会经常性停止运动，这个反射就难以得到整合。另外，准妈妈适量运动是很重要的，适量的运动不仅对准妈妈的生产和恢复有好处，也可以让胎儿得到轻柔、缓慢和被动的运动。这些身体上的压力正是给孩子最好的适应方式，启动孩子的触觉，让孩子适应和理解压力，从而整合恐惧麻痹反射，完成建立安全感的第一步。

摩洛反射是另外一种防御模式，它接替了恐惧麻痹反射，开启了一个新的反应机制——瞬间觉醒机制，激活了原始的战斗/逃跑模式。孩子还在婴儿期的时候，我们可以很容易观察到这个反射——当孩子受到惊吓的时候，会深呼吸，并且四肢突然打开，然后收回四肢，开始大哭。

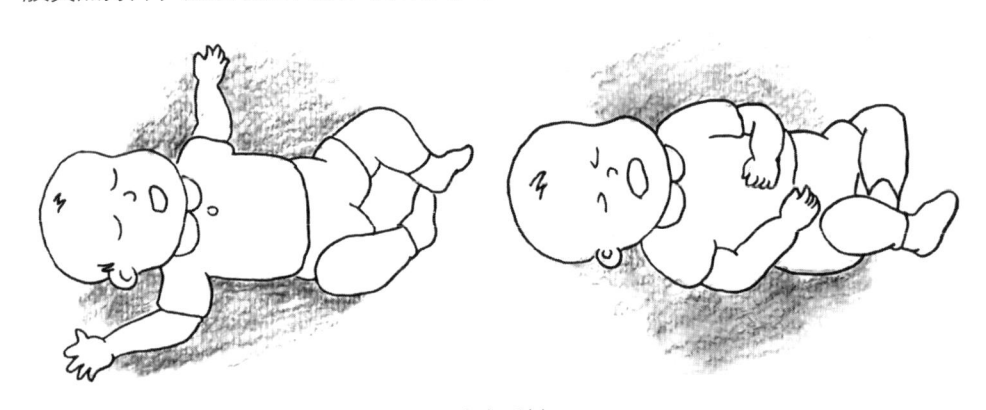

摩洛反射

摩洛反射还会伴随孩子的大哭启动肺部功能，这是一个人类为自己备用的救命招。如果刚出生的婴儿没有自动开始呼吸，那么一个恰当的刺激就可以激活摩洛反射，刺激到呼吸中枢，开启婴儿的第一次呼吸。正如我们听说的那样，如果婴儿刚出生的时候没有哭，没有启动呼吸，接生的医生或护士需要拍打一下婴儿，给他一个小小的惊吓，就可以开启婴儿的自主呼吸。

我们观察婴儿，有时候门突然响动，他的四肢就会向外弹跳一下，并随着父母的安抚，慢慢放松下来。渐渐地，婴儿开始理解这些周围的响动，减少恐慌害怕，从而减少摩洛反射的触发。随着摩洛反射的整合，婴儿建立起最基本的安全感，再次遇到突发情况时，就会像成人一样"吓了一跳"，然后看看发生了什么。这时，婴儿变得有办法对待惊吓了，要么回应它，要么不理它。

摩洛反射非常重要，可以启动呼吸反应，可以激活大运动，建立大脑和小脑的连接。在后面的章节里还会继续讲到摩洛反射的整合与影响。

如果摩洛反射没有完全整合，孩子的情绪会很不稳定，容易出现平衡与协调的问题，还可能有运动障碍。摩洛反射有遗留，容易引发对某种刺激过度敏感，如突然的光刺激或噪声刺激等，视觉的感知能力也可能比较差。摩洛反射被激活时，身体的防御机制警醒，交感神经系统和肾上腺受到刺激，感觉过度敏感，比如焦虑症和恐惧症的反应。摩洛反射一旦被激活，所产生的荷尔蒙大约需要40分钟才能被代谢掉。所以，这个反射若是经常被触发的话，是对身体有害的。

恐惧麻痹反射和摩洛反射都是动物演化过程中应对外界危险的反应，是藏在大脑深处的原始中枢的工作机制。当危险突降，恐惧麻痹反射是关闭系统，不动装死；摩洛反射则是激活系统，逃跑或战斗。这些反射需要被抑制，发展成由大脑皮层控制的反应；否则，就会有病态的情况出现。当人特别疲劳，或是突发重大的意外的时候，可能会激活这类反射。也有些成年人因为这类反射长期残留在身体中，可能出现血压问题和肩颈部肌肉长期处于紧张状态。

◆ 脊髓戈蓝反射

脊髓戈蓝反射是一个有趣的原始反射，孕20周的时候就出现了，经过发展，出生后3~9月就可以得到整合。当用我们的手划过婴儿的左侧腰部时，婴儿的脊柱会向左弯，左上肢和左腿都会向同侧扭动；当划过右侧腰部时，婴儿的脊柱就会向右弯，右侧的肢体也就跟着扭动；或者，朝着婴儿的脊椎的下半部喊一声，身体也会发生同样的反应。这个反射影响听觉发育，促进前庭

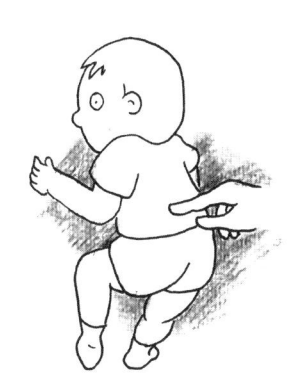

脊髓戈蓝反射

系统的发展，帮助婴儿在分娩的时候旋转下降，通过产道。当然，还影响着脊柱两侧肌肉的生长发育。如果腰部两侧肌肉力量不均衡，一侧用力多，则很容易造成脊柱侧弯。脊髓戈蓝反射也为孩子爬行做准备。

我家刚上小学的妹妹身上就有不少典型的脊髓戈蓝反射活跃所引起的问题。因为腰部肌肉发展不好，没有力量，她坐下的时候总是不喜欢坐直，属于能躺着就不坐着的类型，在沙发上永远是半躺着的，甚至在桌边站着时也会把上半身横到桌面上，很喜欢W坐姿；五六岁时还经常尿床；腰部敏感，裤腰紧点或是裤腰处有个标签也会让她坐立不安；对声音非常敏感，注意力也不容易集中。不过，我发现她的音准很好，歌儿唱得很好听。

W坐姿

其实，我们稍作留意，就会发现身边有不少成年人也有些有类似的问题，腰部力量差，总是塌着腰。成人中有些有痉挛性结肠炎的人也是脊髓戈蓝反射没有完全整合好，这是因为背部的下半部分肌肉容易紧张造成的。

◆ 非对称性颈紧张反射与对称性颈紧张反射

人类最初的运动模式与大脑发育息息相关、互相促进。自我整合对称性颈紧张反射和非对称性颈紧张反射的过程，是手眼协调的最初训练方式。

非对称性颈紧张反射出现得比较早，在胎儿期就得到了发展，它的表现是当婴儿将头转向一侧时，同侧的手臂和腿也伸展，而另一侧的手臂和腿则保持弯曲。这个反射发生时，运用的是同侧身体的运动，也就是当这个反射发生时，是分别刺激左、右两个脑半球的。孩子的自我整合主要是仰卧时不断地伸屈手臂或腿部，或是抓着东西放到嘴里。在这些过程中，可以训练到他的双眼视觉（双眼配合的能力）以及用双眼追踪运动物体的能力。

非对称性颈紧张反射

一位年长的运动治疗老师总是说她那已经成年的女儿最好不要开车，因为她女儿的非对称性颈紧张反射没有完全整合好，还有残留，每当她转头的时候，同侧的手臂也会跟着伸展。这样的人开车的话，真让人担心啊！

对称性颈紧张反射出现得相对较晚，是婴儿出生后6~9个月出现的，大概三四个月就得到整合了，属于一个过渡性反射，也可以说是迷路紧张反射的一个后续变化形态，分为向上和向下两种表现方式：当头部向上向后弯曲时，同时手臂伸展，腿部弯曲；当头部向前向下弯曲时，胳膊弯曲，腿部伸直。

对称性颈紧张反射（向上）　　　　对称性颈紧张反射（向下）

我们看到，这个反射发生时，婴儿的头部和四肢是联动的。婴儿通过前后摇摆运动渐渐学会各个部位分开的独立运动，这个过程加强了对颈部肌肉的训练，还会帮助婴儿训练到四肢的肌肉力量，为后续的爬行作准备。这个反射对视力调节有影响，它的整合过程也是对迷路紧张反射进一步的整合。德国的一项研究发现，在大孩子身上留存的对称性颈紧张反射关系到眼睛垂直运动的控制，关系到成熟的眼睛运动的能力。

这两种反射都关系到孩子视觉的发展，影响视力。随着孩子进入学校，一些孩子表现出读写困难的问题，究其原因，有一些就是因为颈紧张反射残留引起的，当该反射得到整合的时候，许多孩子的学习困难便会逐渐消失。

上面介绍的几个与脊柱和神经发育紧密相关的原始反射，对神经系统的传导意义重大，幼年时的问题可能会延续到成年，对生活产生影响。

我们用手指轻轻按压婴儿的手掌时，婴儿就会握住手，张开嘴巴，同时，头部朝着被按压的一侧前弯；如果两只手掌同时被按压，婴儿会张开嘴巴，向前弯曲，这就是**手口巴布金反射**。在这个反射的反复运用和整合中，孩子学会了抓着东西往嘴里放，促进了孩子手和口的精细动作发展，包括发音的控制能力。

4岁的蹦蹦不喜欢画画，这类需要运用手指的活动他都不喜欢，一旦做起来，嘴巴就总是不自觉地跟着动起来。磨牙的情况也比较明显，下颚总是显得比较紧张。蹦蹦不喜欢说话，说的时候感觉比较费力。这是手口巴布金反射残留的表现。

足部的巴布金反射可以让脚做好行走的准备，提高身体下半部分的能力，让整个下肢更协调。那些巴布金反射处于活跃状态的孩子可能是扁平足，还可能总是用脚的内侧行走。

还有一些原始反射，比如觅食反射、吮吸反射、抓握反射、踏步反射等，与生存能力和自我保护能力相关，为发展精细运动奠定了基础。在《卡尔·威特的教育》一书中，卡尔的父亲就利用抓握反射在孩子2个月左右帮助他锻炼臂力，为他接下来的爬行作准备。

原始反射需要被发展出来，因为每一个原始反射都有它的作用，当完成使命后，原始反射需要被抑制和整合，这样我们才不会牵一发而动全身，不再因为身体的某一个部位活动，其他部位也跟着活动起来，从而身体的每个部分得到充分的自由，随着我们的主观意愿进行随意活动。这让身体各个部位变得更灵活，由此分化出更细微的感觉和运动能力。思维也从运动中分离出来，大脑的功能才会多方面发展，也可以更自由地向思维深层延伸。

被动整合，摇篮里的运动具有意想不到的作用

前面介绍的那么多原始反射都需要获得发展，然后整合并被抑制，逐步发展出随意运动。如果有的原始反射没有发展出来或者没有被完全整合好，就会遗留下很多问题，这些问题极有可能成为以后学习、运动或生活的障碍。看到这些内容，可能会让家长们紧张、担心起来，其实，也不必太紧张，在养育孩子的过程中，无论是被动的运动还是主动的运动，都是整合的过程。这些运动帮助孩子建立身体与大脑的连接，学习各个部分的配合。

摇篮里的婴儿能有什么运动呢？说起来，一定有很多人不以为然："婴儿嘛，无非就是动动手动动脚，还有动动头找吃的。再就是哭了,如果这也算运动的话。"

我之前也认为刚出生的孩子是不会自己移动的，直到自己有了孩子。晚上，我把他放在大床上，作为新手妈妈，很紧张，担心压到他，我总是离他有些距离，可是无论我什么时候醒来，孩子的身体与我总是有接触，不是头挨着我，就是脚碰着我，看起来他把自己当成指南针了，总是转着指向妈妈。

孩子总是努力地动起来，按照自己的意愿，如果自己实在没办法达成目标，就会哭着求助大人们。

自古以来，人们就知道孩子需要舒缓的摇动，摇篮在世界各地都有传承使用。当孩子烦躁时，轻轻的摇动就会让他平静下来，或者说孩子是主动要求这样的活动，因为你不摇，他就哭个不停。这种左右摆动或前后的摇晃，不但可以大面积刺激到婴儿身体的触觉，还可以刺激到婴儿的前庭系统。我们把孩子横抱在怀里，或是用背带把婴儿固定在胸前，不仅仅有摇篮的效果，还会有爱和温度传递给婴儿。从妈妈的角度来看，轻柔的摇动有助于让婴儿温和平静，可以很快进入睡眠；从婴儿的角度来看，这种轻柔的摇动既按摩了脊柱，触觉上也得到了满足。晃动产生的运动，启发了婴儿的视觉，让他能看清眼前物体的边缘，他的身体内

部随着温柔的晃动得到安抚，刺激到迷走神经，还温和地刺激到前庭系统。这些被动运动有效地刺激到神经底盘，让婴儿可以心满意足地睡着，而睡眠才是大脑发育的时刻。

前文中，我们描绘了大脑各个部分的连接场景，也说明了运动在其中起到的重要作用。有个关键的位置——大脑和身体的连接点，我们在这里做个特写，一起来看看大脑最底层与身体的连接是如何建立起来的。

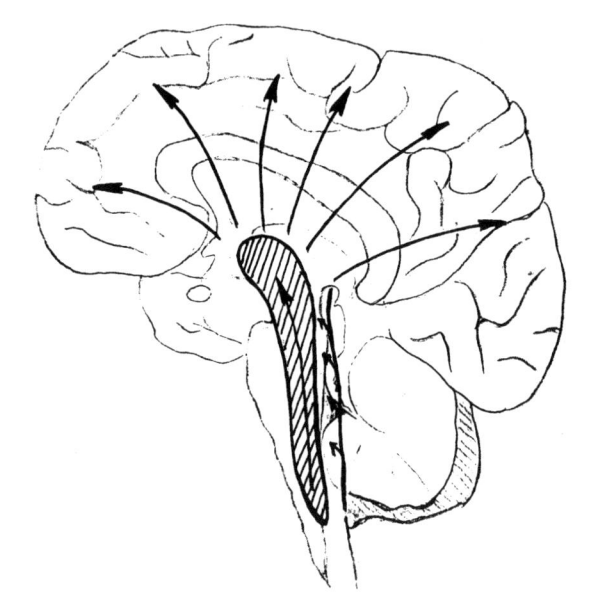

网状激活系统，信息上行传导

在大脑中心位置的底部，有一个由脑干的部分组织与脊髓上端组成的网状结构，它是一个控制睡眠和觉醒的激活系统，被称为网状激活系统（reticular activating system，RAS）。网状激活系统接收来自视觉、听觉、内耳前庭系统，以及遍布全身的本体感受器官和触觉器官等身体感官系统的信息，然后将这些信息向大脑外层传导，激活大脑皮质层，以保持警觉和注意力。新的研究还发现，这个系统还参与复杂运动的组织、情绪反应的完成、学习和记忆的促进巩固等不同的功能。有人称它为"神经底盘"，顾名思义，它在大脑中的地位非常重要，是大脑发育和发展的基础，也是大脑与身体之间信息往来的"交通枢纽"。

摇篮里给予婴儿的被动运动，是温和的、有节奏的律动，是帮助婴儿整合原始反射的基础，这些律动可以有效地刺激网状激活系统，加强它的传导能力。

在这个阶段，我们发现，婴儿是非常喜欢律动的，他常常要求大人把他摇起来，他通过哭、或是哼着类似你给他唱的摇篮曲的声音、或是努力地摆动向你发送信号，主动要求这种轻柔的律动。这些律动对原始反射的整合很有好处，尤其是沿脊柱方向上的摇动，对于迷路紧张反射、恐惧麻痹反射、摩洛反射、对称性颈紧张反射等全身性的原始反射的整合都有帮助。

婴儿到了3个月以上，脊柱相对稳定，颈部肌肉张力有了一定的力量，已经可以竖起来了。传统的中国妇女劳动时会用布巾把孩子绑在背上，现在年轻的父母出行时也会用背带把孩子固定在身上，就像个移动的充满爱的摇篮。这是一种很好的方式，婴儿紧紧地贴在成年人的身上，大面积的身体接触，在接触中还有摩擦和一上一下的活动或是前后摇摆，这不但重复了摇篮里的被动运动，还增加了紧紧的拥抱带来的安全感，对于婴儿整合摩洛反射有更突出的作用。而被动运动的幅度根据父母的动作会有突然的大幅度的变化，增加婴儿的感受和压力变化，带来更进一步的身体适应能力的开发和相关原始反射的整合。

总的来说，这些活动通过触觉器官、运动感觉器官和平衡器官，给位于脑干的网状激活系统以足够的刺激，建立起稳固的连接，让作为大脑和身体连接枢纽的网状激活系统可以良好地运作。信息可以通过这个枢纽进行顺畅的传输。

详细来说，在摇篮里的这些运动帮助了各个原始反射的整合，尤其是全身性的与脊柱有关的大动作的原始反射；还对防御性反射的发展和整合起到重要作用，对于婴儿安全感的建立很有帮助（见第七章）。婴儿在摇篮里横向晃动，或是腹部贴在爸爸妈妈的背上，有利于内脏器官的发育，逐渐变得更加强壮。

我们来描绘一个很容易观察到的情形。

婴儿在大人身上随着晃动，各个方向摇摆，对于一个终身姿势反射——头部正位反射进行了很好的锻炼。头部正位反射可以让我们在直立时保持平衡，在任何体位上都能够保持空间感。这种反射是由前庭系统和眼睛共同协作来完成的。

简单地说，就是无论身体处于什么位置，我们的头部都自然地竖直在中线位置。当身体向一侧倾斜的时候，头部向相反方向倾斜；身体向后倾斜时，会自然地适度低头；身体前倾时，则头部自然后仰以保持中正。当头部正位反射工作正常时，头部总是能在身体倾斜的时候保持头部和眼睛的位置水平，从而使大脑准确、快捷地理解视觉信息。比方说，无论孩子在妈妈背上时身体怎样倾斜，头都可以保持直立。这是一个放松又自然的状态。

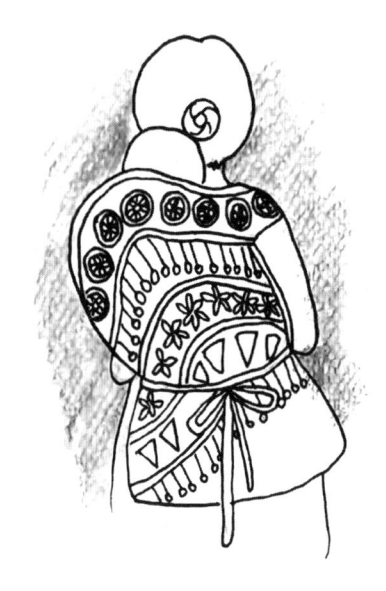

头部正位反射

前庭和双眼协作完成头部正位反射，对于两者之间建立联系，并能正确地工作是十分重要的。为了提供准确的信息，使头部保持正位，需要前庭和眼部获得的信息同步。如果这个反射发育不完全，不能提供前庭系统与双眼的协同工作所需的稳定性，就会影响到平衡、视觉感知和控制眼球动作的能力，这些问题会影响视觉的聚焦能力，继而影响到以后的阅读能力和书写能力。

这个反射同时锻炼了颈部的肌肉力量，对于支撑我们这个不同于其他动物的大脑袋，有着非常重要的作用。如果这个反射没有发育好的话，容易造成肩颈肌肉代偿，长期处于紧张状态。比如，动作的协调性不够；空间感差，容易绊倒或撞到东西，很容易出现读写困难的问题。

笑笑妈妈全职在家，不仅要带孩子，还要做很多的家务活。为了方便做家务，她常常把孩子用传统的布巾背在背上忙来忙去。笑笑从学会走路开始，就显得平衡能力很好，很少摔跤。进入幼儿园的时候，他的各种运动能力都明显比其他孩子掌握得更快更好，学习能力和适应能力均有良好的表现。

我国部分地区有把孩子放在吊篮里的习俗，认为睡过吊篮的孩子不容易晕车，这是有道理的。在吊篮的摇动中，方向更为多变，婴儿的前庭系统受到刺激的机会更多，带来的运动刺激也更加多样化。视觉最早是由运动的物体启动的，这是符合生物的演化规律的，在摇篮里被摇动的过程中，婴儿在相对运动中也会得到良好的视觉启发。

婴儿在摇篮里，或是父母抱着、背着的摆动中所产生的摩擦和律动，是婴儿成长、大脑发育非常需要的被动运动，它很好地刺激了婴儿的感官系统，有助于大脑的发育和发展。

奇怪的运动，原来是孩子在拯救自己

我家妹妹三四岁的时候，最喜欢的一个动作就是跪坐在脚后跟上，腰椎前后摆动。之前，我并不理解，只是觉得她喜欢的动作真奇怪，没有人教过她这么做。我也是在学习的过程中才发现，这正与她自己的脊髓戈蓝反射没有整合有关，这个动作可以运动到腰肌，让自己的腰肌更有力量，可以帮助到原始反射的整合。

腰椎下弯与弓起

孩子的自发运动就是孩子的需要，很神奇，他好像总是能发现自己的不足，不断地调整自己的动作来锻炼之前身体发育的不足，年龄较小的孩子尤其明显。

阳阳4岁的时候，每天只要躺下来，就左右转动头部，总是转上几个或十几个来回才睡觉，妈妈觉得奇怪，又有点担心，想阻止，但孩子看起来既自然又愉快，也就随他转了。这个现象持续了两三个月，孩子转的次数越来越少，然后就再也不转头了。其实，这个动作对于不少原始反射的整合都有帮助，如迷路紧张反射和非对称性颈紧张反射等。但这个动作对头部和颈部的刺激比较大，有些人做这个动作的时候容易头晕，需要谨慎尝试。

头部左右侧转

这并不是说，孩子的发育中遗留的问题都可以自己矫正，这只是一个小概率事件。更重要的是我们可以通过学习和观察，理解他的做法，必要时还是要帮助他矫正，让他回到孩子本该有的状态。

人类所有的活动都可分为三个连续的发展阶段：自然发展、个别发展、方法和专业活动。

自然发展，那些像动物一样为了存活而做的所有必须要做的事情都属于自然发展。妹妹和阳阳自发的活动，正是这种自然发展的神秘力量驱动着孩子的自我建设与完善。但现在的实际生活环境中，尤其是城市生活，孩子往往得不到充分的自然发展，那么为了追寻最原始的生存能力，孩子会自发努力弥补没有发育好的那部分身体能力。可是，孩子独立去找回这些能力并不容易，这就需要我们的帮助。

我儿子七八岁的时候特别喜欢攀爬。他小时候没有经过四肢爬行这个阶段，上肢力量不足，现在他很想攀爬，爬高大的石头、一些平台，或是爬树，只要看到就要爬一爬。我当然是鼓励他去爬的，还会带他去尝试攀岩。但是，仔细观察他爬高的动作，上肢的力量无法贯通，基本上需要用力的时候，就开始用肘部来撑，与匍匐爬行的动作类似。攀岩对他来说就很困难，完全不能爬，因为他的手指、手腕、前臂和上臂的力量是连不起来的。这个时候，需要指导他多练习上臂和整个手臂的力量联动的运动，才能帮助他增强上肢的整体性和力量。

在自然发展之后的阶段，某些人找到了他自己的、特殊的方式来进行属于他自己的运动。可能是独特的表达方式，如一种特殊的跑步方式或者不同于自然的其他运动，这就是个别发展。

当某些运动显示出它的用途和价值以后，人们就会找到这些运动的共同点，找到它所需要拥有的技术，向方法和专业活动上发展，并产生相应的知识内容。这些是非自然发生的，是可以习得的。这也是运动发展的第三个阶段，专项的体育运动就属于这个阶段。

随着成长，我们的运动——最早自然发展的方式逐步被习得的体育运动所取代。而自然发展的运动消失了吗？并没有，它们已经渗透到我们的生命里了，深入到我们的行为习惯甚至是思考模式中了。

"亡羊补牢",错过"关键期"的问题也有补救之法

可乐是个9岁的男孩儿,是一个智商较高的孩子,在幼儿园的时候就有了超出一般孩子的识字量,也显示了数学方面的能力。很喜欢阅读,理解能力也很强,提问题也能抓住问题的核心点,不浮于表面。家里人很开心,以为可乐是个学霸型的孩子,以后就不用操心他的学习啦。可是一上小学,问题就出来了——上课时只能认真听课十分钟左右,其他时间不是发呆,就是打扰别人;书写困难,上课时的书写完全跟不上;回家写作业像是对一家人的挑战。妈妈说,他从3岁开始就不睡午觉了,幼儿园期间每天的睡眠时间最多9个小时,上学以后的睡眠时间就更少了。可乐的运动能力一直不好,大运动很笨拙,长得也很瘦小。

美国一些研究儿童大脑发育的人员把这种失调情况称为功能性未连接。这与前文讲到的连接是相一致的。

有些孩子不能很好地感受自己的身体,在控制身体动作时力不从心,就像大脑与身体连接不畅,看起来笨拙、不协调,对时间和节奏感受不好。

有些孩子和他们的感官失去了连接。这样的孩子在同时使用多个感官时,会感到压力太大,无所适从。他们无法专注于一件事情,很容易被看见的、听见的或感受到的其他事情分心。

有些孩子不能通过他人的面部表情或者语调解读其情绪和态度,在社交上无法与别人产生情绪上的连接,给交友和维持人际关系带来较大的困难。

试想一下,如果"神经底盘"的作用发挥得并不理想,"交通枢纽"不太顺畅,会发生什么情况呢?信息传送受到影响,大脑未被激活,我们无法感知外部事件,大脑的发育和发展也会受到影响。这样的情况下,原始反射往往也不能得到较好

的抑制和整合，经常被激活。不同程度的问题反映到儿童身上情况大不相同，比较严重的情况是大脑发育迟缓，最常出现的是运动机能发育得不理想，或者注意力无法集中的情况，很多孩子会出现平衡问题，以及过于敏感、暴躁等一系列问题。

这部分脑功能的发育本应该在胎儿期和婴儿期完成的，但当我们发现问题的时候，往往孩子已经大了，怎么办呢？

◆ 我们可以这样帮助孩子

首先，大运动的练习必不可少。把孩子带到户外或者运动场上，进行一些有目的的运动训练，提高孩子对身体的感知和控制能力。具体内容会在后面的章节中介绍。

其次，给孩子更多的自由空间，观察孩子自发的运动和喜好，适当的时候给予一定的支持和帮助。在感觉统合方面的运动训练，也可以增加孩子对于信息输入的感知及处理能力。

再者，就是在运动治疗领域，有一些专门的技术应对这些问题，为我们提供了很好的思路和办法。

20世纪70年代，瑞典的克斯汀·林德，通过学习和观察，模拟婴儿被动或主动的动作，设计出一套有节奏的动作来治疗运动和发展障碍，这套动作被称为"韵律运动"。韵律运动在神经和运动的治疗领域为弥补婴幼儿时期因各类运动不足造成的功能性未连接提供了极具针对性的解决方案。尤其是模拟摇篮状态下的婴儿被动运动，这些通过专业手法让人被动地进行沿脊柱方向或垂直脊柱方向的律动，可以有效地刺激到神经底盘，促进这部分脑功能的完善，建立好最底层的连接。韵律运动还通过各种动作的组合训练来帮助整合原始反射。这些方案适用于所有年龄段的人，得到治疗的既有儿童也有成人。

另外，俄罗斯心理学家创立的等距压力法，也是用于促进原始反射的抑制与整合的。婴儿时期，原始反射完全发展出来后，是通过不断重复相应的刻板动作逐渐获得抑制和整合的。等距压力法就是重演这个过程，并通过外力施加与原始反射运动方向相反的作用力，来唤醒大脑对于这种反射的控制，并增加相关肌肉群的力量，从而使残留的原始反射得到整合。

可乐妈妈用韵律运动帮助可乐，可乐是个敏感的孩子，刚做了两天，就出现了感冒症状，马上停了下来。感冒症状消失后，妈妈又开始每晚帮助可乐训练，半个月的时间，可乐的睡眠时间就明显增加了，又坚持了两个多月，可乐妈妈欣喜地告诉我们，9岁的可乐每天可以睡到9.5小时到10个小时了，这可是他自从3岁以后就很少发生的事情了。可乐妈妈知道，孩子的睡眠是非常重要的，孩子的生长和发育主要是在睡眠的时候发生的。但是，因为可乐已经9岁了，有叛逆的情绪，对于这些训练不太配合，连续坚持了不到两个月的时间，后面就做做停停，逐渐停止了这些被动运动的训练，但可乐依然可以保持这样的睡眠时间。

没有哪一种方法是能解决所有问题的，可乐还需要更多的户外运动。随着运动量和运动方式的增加，孩子的成长才会向更均衡的方向发展。

小满的问题相对来说比较严重。小满是个7岁的孩子，和妈妈一起来咨询的时候说话吐字不清，运动时明显不协调，没有什么距离感，触觉也比较迟钝。妈妈带来了医院诊断书——大脑发育迟缓。

孩子已经到了上学的年龄，但听不懂老师讲什么，也无法跟其他同学相处，妈妈只能陪读。经过交流和测试，我们发现，孩子因为剖腹产和早产以及先天性的问题，婴儿期基本不是在自然养育的情况下度过的，早期的运动整合基本没有。到了7岁，身体依然有不少的原始反射残留。小满的训练方案是每晚有少量的韵律运动，每天两小时以上的户外运动（自由活动和攀爬类的运动），每周一次徒步或爬山，另外，妈妈经常带着孩子玩身体地图游戏（见第七章）。

因为是暑假期间，孩子的运动计划执行得非常好。经过一段时间的运动训练（这些运动都是在家里和父母带着在户外进行的）孩子的睡眠时间大幅增加，一天可以睡13～14个小时，还一度引起了小满妈妈的担忧。睡眠，是大脑发育的重要因素，因为他的情况比较特殊，训练后大脑的反应也比较明显，对于他来说，这是一个非常好的信号。暑假结束了，小满的运动协调性发生了质的变化，吐字清晰了不少，在表达和理解上，也有了长足的进步。

我们常说，孩子的发育发展问题，大多数是可以通过运动来解决的。孩子每一项发展都有自然成长的关键期，但运动带来的变化是没有期限的，无论什么时候都不晚。

第三章 平衡，在运动中帮助孩子找到自我和掌控感

身体平衡，是学习和生活的基础，也是大脑运行的基础。若是有不平衡的地方，不仅仅身体因为代偿需要耗费更多的能量，大脑也会需要花更多的精力来调节，从而分散掉需要运用在其他方面的精力。

其实，身体的平衡，并不像看上去那么容易。维持身体的平衡，就像读书一样，是有学习过程的，人类幼年时期的运动就是训练掌握平衡，练习身体和大脑各部分配合协调的过程。

我们是怎样保持身体的平衡的呢？肌肉里的本体感受传感器官、内耳的前庭系统和人的眼睛是平衡的三个信息接收器，三者协同工作，向大脑提供自身在空间的位置信息。当大脑收到这三方面的信息后，进行定位、方向认知和有效的空间运作判断，然后向身体发送信号，指挥身体动作，小脑作为调节器接收来自两方面的信息，调节各个部位肌肉的用力方向和用力大小，以达到身体平衡和运动协调的目的。

生命的头两年，我们身体的大运动都是一个能力，一个在发展演化过程中所习得的能力——适应重力环境、保持平衡和稳定的能力。从抬起头来，到支起上半身，爬行，再到直立行走，我们努力地训练自己的肌肉张力，全身肌肉与感官配合，并与大脑整合为一体，找到平衡与自由。每一次行动，都要寻找到平衡点，建立起内在的平衡感。然后，就要不断地重复、重复、再重复，巩固它，稳定它。

伴随原始反射发展与整合，我们的身体具有更高级的平衡能力。当我们的身体经历了以各个反射运动为代表的发育全过程之后，身体装备了各个方向运动能

力的可能性，最终形成协调、灵活、有效的身体运动模式，获得了自由的运动能力，生命从身、心和脑的各个方面形成一个有机的整体。

从抬头到直立行走，每一个进步都是成长中的"里程碑"

大多数动物在出生后的很短时间内就可以用脚站立起来行走了，人类婴儿出生的时候运动方面只发育了很小的一部分，从这个情况对比来看，1岁以前，也就是婴儿的行动能力"从抬头到直立行走"的阶段，更像是婴儿在母亲的体外发育。

从婴儿的运动方面来看，正是在这个阶段中，运动由原始反射向姿势反射和可控的运动能力发展起来了。在这个过程中孩子获得了肌肉的力量，抬头、用双臂支撑起上半身、匍匐爬行、坐立、膝手爬行和最终直立行走。而从大脑的发育来看，也正是在这个阶段，大脑的低级、中级和高级中枢的连接开始形成，正如第二章介绍的，大脑依次从"鱼脑""爬行脑""哺乳脑"向"新皮质层"连接升级。运动能力与大脑的发育过程相辅相成。一旦直立的姿势控制成功，双手就被解放出来去承担更多的操作技能。随着之后的反复练习，平衡与配合的能力提升，孩子逐渐就可以把他的注意力集中到发展人类独有的这些能力——语言与思考上。

在生命开始的第一年，婴儿复制了动物的进化过程。正如我们惊诧于胎儿在母体中的变化一样，短短的一年中，婴儿就获得了上千种的运动模式和能力。从抬头到直立行走，运动发展的几个阶段也反映了大脑的发育过程。孩子是通过运动获得了走向世界的第一手经验。

◆ 是什么推动孩子迅速成长起来的呢

平衡——人体的主要感觉。

控制平衡的前庭系统是最古老的感觉系统，这个系统早在60亿年前就诞生在动物体内了。它的任务是帮助定位和姿势活动，也就是在重力作用下，身体可以发挥功能，并且知道自己在空间中所处的位置。这种能力为人类提供了一个基本的参考点，其他能力才有发展的可能性。

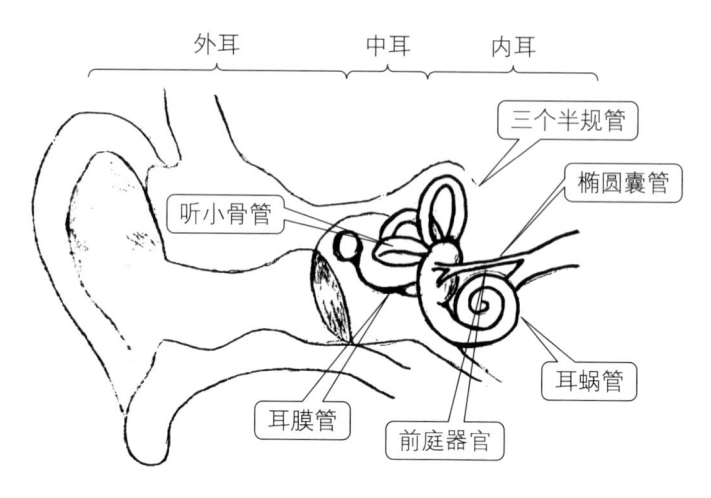

前庭系统图示

前庭系统虽然位于内耳，但听力却是一个年轻的系统，大概出现了只有3亿年。前庭系统并非由听力来感知的，它是很独特的，没有自己专门的感知系统。当平衡状态一切正常的时候，我们根本感觉不到它的存在；只有当平衡状态被打破，我们才能通过其他感觉系统感知它的存在。比如，在游乐园坐几次了翻滚列车，过分地刺激到前庭系统，下来后感觉胃还甩在空中，恶心难受。晕船也是这样，乘坐在颠簸摇摆的船上，前庭与视觉之间的关系很容易被扰乱，平衡感也就被破坏。而晕车更像是一种前庭系统没有发育好的病态表现。家里的一位长辈有比较严重的晕车情况，而她从年轻的时候就会偶发眩晕症。

虽然前庭系统是最古老的感觉系统，平衡机制是大脑中第一个形成髓鞘的纤维束，并且在出生之前比任何其他感觉系统都要成熟，但是，平衡并不是我们与生俱来的东西，而是我们经过不断的锻炼所获得的。

从一出生开始，婴儿离开了之前的悬浮状态与水环境，来到陆地上，裸露在空气中，他必须努力学习，不断提高自己对抗地心引力的能力。这就要求增强肌肉张力和控制身体姿势的能力，并与其他感官的配合——视觉与平衡，必须学会一起合作；听觉的发展需要婴儿学习平衡来帮助他去定位周围的声音；触觉和肌肉感知将最终帮助婴儿拥有其在空间位置的内在意识——没有一个感知器官可以独立完成它的功能,所有这些都必须与前庭系统进行紧密的合作。

婴儿仰面躺着,踢蹬着小腿,通过这种运动他知道自己有多长,通过挥舞和伸展手臂,他开始知道自己有多宽——这就是本体学习,或者说,内在的自我意识是从运动中直接获得的经验。从摇篮里的被动运动开始,婴儿已经启动了他的平衡系统;而从抬起头开始,就发起了他最重要的**主动运动**训练——**运动中的平衡**。

人身体里有三个与平衡相关的信息接收器——肌肉里的本体感受传感器官、内耳的前庭系统和人的眼睛,三者需要协同工作。婴儿从一开始的自主运动,就是对平衡的训练。从抬头开始,一方面锻炼到颈部肌肉,另一方面很好地刺激了前庭系统,而且,这时候他就知道要把双眼放在水平位置,转动头部,用眼睛追踪物体了。

几周之后,他开始用前臂支撑起自己的上半身,聚集起肌肉的力量,上臂的力量产生联动,肩颈部的位置平衡和背部的扭转,所有这些都有助于发展身体的混合感知力。

当他可以坐立时,正是发展和整合了上文提到的头部正位反射,通过反复练习,配合身体肌肉力量的运用,磨合前庭与双眼的协调工作能力,达到整体的平衡控制。

当孩子爬行时,抬着头东张西望,进一步促进这一方面能力的提高,本章后面会有一节内容专门讲到孩子的各种爬行。或许人类运动中的平衡能力赶不上猫科动物,但是,这种平衡启动的是大脑的各部分相互关联的能力,为后面的学习与思考提供了坚实的基础。

终于,孩子可以站起来行走了,这是一个里程碑,上身与下肢的协调能力有了质的飞跃。从此刻开始,孩子的运动开始有别于其他动物。直立行走不仅仅解放了双手,还为孩子的平衡增加了一个维度。

孩子最初的几年主要就是发展对身体的控制能力。安全平衡与姿势控制的发展是分不开的。而姿势控制则是通过视觉、本体感觉和运动系统的综合锻炼获得的，这种控制是大脑发展的外在体现。训练这些系统良好地运作是一个渐进的过程，这期间前庭系统至少需要 7 年的时间才趋于成熟。在入学后，前庭功能不成熟的儿童会有一些特殊的学习困难，如阅读困难、运动障碍、注意力不集中和书写困难等。

有这样一个 12 岁的孩子，无论运动方面还是语言方面都发育得非常缓慢，而阅读水平只相当于 7 岁的孩子。不同的专家从不同的角度进行研究分析，但始终没有找到问题的根源。后来，大家发现这孩子总是喜欢倒着看别人，她说："世界是倒着的。"经过反复研究，才发现这个孩子有很严重的平衡障碍。而后，专门为她设计了平衡项目的训练，一年之后，这个孩子已经有了明显的改变，平衡感得到了大幅度的提高，对世界的感知也能够稳定了，她的读写能力很快就赶上了同龄孩子的水平。

为什么会这样呢？

在孩子的早期生命中，前庭器官开始给正在发育中的大脑发送脉冲，然后在脑中枢形成投影来控制姿势、身体运动、觉醒、眼球运动和感觉统合。平衡也对许多其他机能的有效运作起到至关重要的作用，依赖于这些机能，身体才能够准确地感知周围的一切。

回到孩子本位，孩子正是通过运动，一边练习控制身体的能力，一边把这些作为第一手的认知素材，被大脑吸收，进行自我的感知，与周围事物产生互动，并形成认知。

自我完善与整合，尽量延长孩子在地板上的运动时间吧

孩子是具有"自己的精神内核的"，内部的力量推动着他们自我完善，自我成长。而我们要做的是——提供环境让孩子充分地自由活动，尽量延长孩子的地板活动时间，让他有足够的时间充分地运动起来，完成这些原始反射的整合，掌

握平衡，找到自我。当孩子需要我们的时候，及时配合，协助他。

婴儿发育得很迅速，出生后短短 4 周，他就会在俯卧时自己努力地抬起头来。经过一两个月的时间，婴儿不仅可以抬起头，还可以抬起胸部，之后抬起腿来，像个小飞机一样。这些活动反复进行，迅速发展，用不了多久，随着颈部肌肉和背部肌肉的力量增加，迷路紧张反射的作用也已经渐渐完成，获得整合，进入下一个阶段的运动方式。

婴儿俯卧过程中，他抬起头，用双臂撑起上半身，努力地翻身，相应的肌肉得到不断的锻炼，原始反射就会得到发展与整合，如兰多氏反射、脊髓戈蓝反射。无论是在摇篮里还是在地板上，当婴儿仰卧的时候，他会不断地伸手、蹬腿，这些对于非对称性颈紧张反射的整合有帮助，锻炼婴儿的手眼协调，发展出空间感。这些活动让婴儿的头部运动不再影响手臂和腿部运动，他会发展出两栖类反射，这对于婴儿匍匐前进和爬行必不可少的。

婴儿坐下来前后摇摆，这些看起来很不经意的动作，是婴儿自我整合对称性颈紧张反射和头部正位反射。婴儿匍匐爬行和膝手爬行中的姿势改变，或坐或站，对于巴布金反射是很好的整合运动。

从抬头、翻身、匍匐爬行、坐下、膝手爬行到站立，这一系列活动看似简单，实际却是非常复杂的成长变化过程，调动起全身多处大小肌肉的配合，这个过程对于整合众多的原始反射意义重大。在这个过程中，大脑悄然升级，不断地连接，让大脑皮层接管了全身的运动控制。所以，我们要为婴儿提供合适的环境，让他有充分自由的时间和空间自己学会这些运动，这个过程让原始反射充分发展并相互促进，以完成整合。

在这个时期，婴儿的视觉飞速发展。在他仰卧的时候，眼睛被动地接收到在眼前晃动的物体信息，那些混乱的光影是纷繁而不稳定的，当他学会把东西抓住送到眼前，送到嘴里时，视觉就有了一定的空间认识，并学会了双眼视觉的融合。俯卧时，抬头的高度变化，让婴儿的眼睛一下子有了用武之地，他可以主动聚焦物体，范围也呈几何级地增加，远近的变化已经能够识别。随着头部控制能力增加，视觉的调节能力越来越强，空间感、深度感的能力逐步形成。随着婴儿的爬行，他的眼睛迅速得到运动的训练，可以进行快速远近调节，并发展追踪和跟随性眼球运动的能力。

在心理学界，有个著名的案例。一位天生眼盲的人在52岁的时候接受了角膜移植的手术，成功地获得了视力，但这并不意味着他自动获得了视知觉的能力。在术后不久，当他看到窗外楼下有一些东西在移动时，他就爬到窗边，想探个究竟。幸好被医护人员及时阻止了，因为他所在的房间位于医院的四楼，而那些移动的东西是街道上的汽车。他可以看见了，但并没有视知觉中的深度感。

婴儿的视力是与生俱来的，但视觉的发展却是在运动中获得的。地板上的运动，对婴儿的视觉来说是更像是打开一个个功能的开关，这是学习和理解能力的基础。

照看婴儿是个全心全意的工作，我们观察他、响应他、满足他。在婴儿俯卧锻炼时，需要注意的是：婴儿俯卧时必须有人照看，不能分心做别的事情，可以观察婴儿的状态，也需要注意婴儿的安全。练习需要循序渐进，刚开始俯卧时，抬头片刻两三秒钟即可，慢慢地再延长到数秒钟。如果婴儿哭闹，情绪不好请不要练习，婴儿有自己的要求，不要强求。注意，婴儿吃奶后一小时内不要练习。

婴儿时期，不要有太多的束缚。像一些旧传统，把婴儿的腿束缚起来；觉得地上脏，总是把孩子抱在手里或放在婴儿车上，或是过早地让婴儿学走路，尤其是使用辅助工具帮助孩子直立行走。这些都是对孩子自由活动的阻碍，也就阻碍了孩子对于原始反射的自我整合，从而影响了孩子的自然发展。

现在的孩子很多是由老年人帮忙带的，老人心疼孙子孙女，怕他们磕着碰着，担心他们把自己弄得太脏，就总是抱着孩子，或是不断地扶着孩子帮他们立起来。殊不知，这样做不仅让他们很辛苦，也打乱了孩子自己发展的节奏。我们遇到的原始反射未整合的孩子，多数是剖腹产的孩子，或者是地板活动严重受限、没经过爬行的孩子。如果两者叠加，那么在孩子成长的过程中，就会凸显越来越多的困难，如阅读困难、书写困难和运算困难等。

对于防御型反射的整合,主要是来自父母在养育过程中的拥抱和爱抚等活动。在第七章会详细介绍。

蒙台梭利认为教育最重要的核心——**儿童有自然发展的逻辑**,新生命诞生的时候,本身就包含主导本能,**是他们自己在引导自己成长。**如果不尊重这个逻辑,大人的"帮助"就变成了"阻碍"。

小脑只是平衡器?谁说小脑没有学习能力

说到平衡,就不得不提到小脑。我们知道,小脑是运动的重要调节中枢,运动平衡与协调能力是它的主要功能。无论是大脑皮质向肌肉发出的运动信息,还是肌肉和关节在执行运动时向大脑上传的信息,都会传入小脑。小脑就像一个大大的调节器,对这两个方向传来的神经冲动进行整合,并通过传出纤维调整和纠正各有关肌肉的运动,使运动保持协调。小脑还会接收来自前庭器官的信息,通过传出联系,改变不同部位肌肉的张力,使身体无论是做加速运动,还是做旋转运动时,都能保持姿势平衡。

在孩子刚出生的时候,小脑的发育并不完全,但在出生后的 6 个月里,小脑迅速发育,这与孩子对于平衡的学习进程密切相关。

让人意外的是,小脑与学习能力也有关系。比如,在 1 岁前,孩子就能够理解多和少的差别;当看到气球被吹大时,能理解其中的因果关系;通过观察学习,还能手脚配合跟着大人学跳舞的动作。

小脑与运动性的学习记忆相关,首先,当平衡通过学习和反复地练习,成为长期记忆后就会转化为自动的能力,这有助于注意力的形成;其次,小脑与大脑皮质层前额叶的联系有助于提高注意力;同时,有助于计划能力和控制冲动能力的提高;再者,小脑与左脑额叶的语言中枢有联系,对语言功能有影响,因为同时也涉及与阅读相关的威尔尼克区和布洛卡区,从而影响了阅读能力。另外,小脑对眼部运动和视觉追踪能力也起着重要的作用。这些都会影响到孩子的学习能力和思维能力。

研究人员发现，单腿站立困难的孩子，往往语言发展也会产生障碍。平衡控制和手指交替快速运动来自小脑不同部位的控制以及前庭系统和运动皮质的连接，从而也为小脑回路中涉及的各种语言障碍的理论提供了强有力的证据。

4岁的小文欣得了小脑炎，在医院里进行了几周的治疗。出院后，小文欣的平衡能力受损，需要重新学习走路；精细运动能力受损，筷子也拿不稳了；语言能力严重后退，话都说不清楚了。通过几个月的重新学习和训练才逐渐恢复到原来的水平。

如果小脑功能发展得不好，对于运动的平衡和协调的掌握也会变得很困难，孩子的注意力、计划能力和控制冲动的能力都会受到影响。也会影响到学习，如语言能力、阅读理解能力。婴幼儿时期的摇篮运动和地板上的运动对小脑的发育和发展意义重大，这是平衡能力学习的基础。

其实，在孩子的各种运动中，小脑都会参与其中，并得到锻炼。我们只有让孩子充分动起来，小脑才会健康发育，更好地为整体的平衡起到作用。

在克斯汀·林德设计的韵律运动中，孩子自己一个人主动模仿婴儿有节奏的律动，不再由父母或治疗师辅助训练的运动，可以用于提高小脑的功能，同时也可以促进身体姿势控制能力的发展。

立体的平衡，三维的脑，大脑发育与身体平衡关系密切

是时候改变我们对儿童运动过于简单的认识了，不要再以为孩子的运动仅仅局限在身体上，也不要再小看孩子的自由活动和游戏了。所有活动、游戏都属于儿童运动，与大脑发展以及心理建设息息相关。

在我们生活的三维空间世界中，运动帮我们构建平衡体系，平衡感让我们的

身体稳定，可以提供给大脑有关自身在空间的位置信息。如果把每个人看成是这个空间的中心，那么，平衡是立体且多向的。我们用立体坐标系设置三个基准平面，可以把平衡分为左右平衡、前后平衡和上下平衡。心理学家莱文森曾经把平衡系统比喻为一个内部的罗盘系统，说："这个罗盘系统以反射形式告诉我们与空间的关系，例如左和右、上和下、前和后、东和西，以及南和北。"

对于我们每个人来说，平衡感不仅仅是身体的平衡，它深入到我们生活的方方面面，全方位地影响着我们的身、心和脑。在儿童运动发展的研究和实践中，把这些方位的平衡投射到大脑中，映射出脑在三个维度上的发展。这三个维度的平衡面分别对应着一个人的认知、情绪与个性。

◆ 左右平衡

左右平衡比较容易理解，我们的身体是左右对称的，身体两侧的对称性对于平衡有着明显的作用。左、右边身体的运动发展应对左、右对应关系脑的发育和发展水平，一般来说，左脑主要负责语言理解、阅读、数学、逻辑等思维活动，右脑负责空间定位、艺术、情感等思维活动。左、右边身体运动平衡对应着左、右脑发展的平衡，左、右两半脑的平衡会表现在我们的沟通能力、表达能力和协调性上。

如果左右平衡稳定，且平衡点在中心位置，则会表现出阅读、表达流畅，身体运动协调性好。这样的

左右平衡

人愿意接受挑战，欢迎不同的方式，既有独立学习能力，又有合作互动能力，在需要时他也可以寻求帮助。如果左右失衡，重心向右倾斜，则会表现出只会按部就班地做事，精确但不灵活，如果重心向左倾斜，则表现为只知道大概差不多的意思，灵感想法很多，但不具体。

有一位年长的朋友，身体重心习惯向右，整体站姿就是往右边倾斜，为了让身体平衡，不得不总是把头向左偏，左手端着，左腿斜伸着。有一次我开车跟在

他的车后面，发现他的车也总是压向右边道，就连左转也会先右偏，甚至先开右转灯。他从事的技术工作非常重视数学和逻辑，他在这方面表现出色，但他不太容易接受别人的观点，常常显现出精确但不灵活的工作态度。

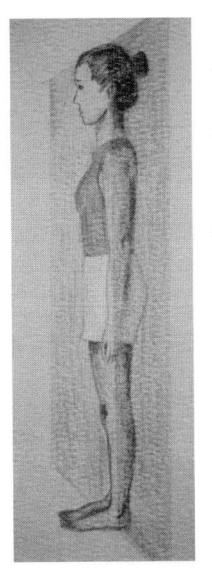

◆ 前后平衡

从运动和身体结构来说，我们常常发现骨盆前倾的人，身体重心也靠前；而骨盆后倾的人，身体重心靠后。前后平衡对应着人的情感，表现在大脑的专注力、理解力和感受力上。如果一个人前后平衡稳定，且平衡点在中心位置，则表现出能够参与并理解外部世界，同时有着清晰的自我意识。如果前后失衡，重心向前的人偏于急躁，遇事只想往前冲；重心向后的人，则习惯后退、畏难和拖延。

这一点在我自己身上有明显的感受，我自己以前就是一个急性子的人，虽然显示出较强的执行力，但常常欠考虑。在运动中常常容易腰部酸痛，经过教练的引导略有好转，后来因为腰部问题看了骨科医生后才发现骨盆前倾的问题，经过一段时间的专门训练，骨盆前倾的问题得到了矫正，现在连袜子都很少穿破了，就连办事的急躁脾气也改变了不少。原以为，这也是自己不断反思和成长的变化，但整体观察下来，这与身体运动平衡能力的提高也是有关联的。

前后平衡

◆ 上下平衡

身体的上下平衡从身体结构和运动方面并不那么明显，但对于练习中国传统武术的人来说，上下平衡的感受更为清晰。上下平衡对应着人的意志力，表现在大脑的组织性、条理性和稳定性上。如果一个人上下平衡稳定，则做事专注，不迷惑，不散漫，容易产生幸福感。如果一个人上下失衡，就会出现思考能力和行为不匹配的情况：若重心偏上，表现为只思考而不行动；若重心偏下，则表现为缺少思考，容易莽撞。

我们可以将这个方向上的平衡直接运用到对孩子的引导上，就会很容易地发现孩子是只爱动脑缺乏运动，还是做事根本就不动脑。第七章有专门推荐给这些孩子的活动。

对于身体平衡的观察有一个较为简便的方法：平静放松地站在地面上，重心放在两腿之间，双臂放松下沉，闭上双眼，静止两三分钟。由旁边的人来观察，看双眼是否在一个水平面上，双肩双臂的位置是否高度一致，以及骨盆与肩背的位置是否有向前或向后倾斜的状态发生。用这个方法就可以看出被试者在左右和前后方向上是否平衡。

上下平衡

保持身体平衡，是所有活动的基本条件，当然也包括智力活动。它帮助我们保持姿势、保持位置、保持身体乃至心理的稳定。

在华德福教育的人智学中，三个平面的平衡对应的是能量的分配与流转，通过对三种方向上平衡的观察来开展对孩子的教育，尤其是对于问题儿童的治疗教育。

平衡与学习之间有着非常密切的关系。很多家长发现，孩子有一段时间会写镜像字，数字、文字、字母都写成镜像的，或是左右反着的，或是上下倒着的。我一年级的儿子经常把4、7、成等很多字写成左右镜像的。其实在高级的认知技能上，像阅读和书写都需要方向意识，这些正是依赖于稳定的平衡系统从左到右或从右到左的方向感。同样，在表达上，也需要找到左右、上下和前后的区别。这个能力也来自一个人对自己在空间的位置的认识。如果一个8岁的孩子仍然颠倒字母、数字和词意的次序，这说明他的平衡感未发展完全。而解决这个问题最好的办法就是运动，加强平衡方面的运动训练，以增加前庭系统对方向感和本体感觉的把握能力，提高视觉与前庭系统的契合程度。

057

负责平衡的前庭系统对情绪也有着深远的影响。情绪与大脑中的边缘系统相关联。边缘系统被称为"哺乳脑",第二章讲过,它是人类同哺乳动物一样拥有的部分,可以产生并处理人的原始感觉、本能和情绪。来自前庭系统的信息若是过度活跃或是活力不足,对边缘系统的刺激都可能过度或不足,从而造成情绪的过于敏感或迟钝。

如果一个人的身体不容易保持平衡,那么,他的内在也会比较忙碌。当内在忙碌时,他就会很难看到外部世界,或者看到的外部世界也会失衡、偏颇。

我家妹妹天生右眼有些问题,双眼发育不均衡,视力也有较大差距,看人看东西时总是不自觉地歪着头。她的性格也很执拗,一旦哭闹起来就需要很长时间才能平息。每当这个时候,她的大脑就好像被什么给锁住了,不能听,不能看,也无法思考了,想必她一定是在忙着平衡她内在的小世界呢!这是由于眼睛发育不均衡的缘故。而眼睛是平衡的重要因素之一,妹妹整体的认知水平和逻辑思维也比较滞后,基本要比普通的同龄孩子晚一岁多。在幼儿园做游戏时,她总是弄不懂游戏规则,只能模仿别人,当然,这对于她来说也是快乐的,可是很多小朋友不愿意跟她一队,不跟她玩。在家里,妹妹无论是吃饭还是画画,两只小脚总是乱动。听故事的时候很安静,因为她的听觉敏感,很喜欢妈妈给她讲故事的感觉,可是她完全不能领会故事内容,基本上是进不到脑子里去的。

妹妹从4岁开始做视力矫正,平时也会注意多让她做平衡方面的运动,她最喜欢的运动就是跳蹦床和玩滑板车了。上学后,妹妹双眼视力已经比较接近了,学习起来还是很慢,尤其是认字。从象形文字发展起来的汉字,是对眼睛吸收信息能力的考验。在学校里,用眼睛吸收信息的内容更多了,她依然要比同龄孩子吃力,但是她的认知水平和逻辑思维能力已经能够跟得上同龄孩子了。

可以让孩子多玩平衡的游戏,多做平衡方面的运动,以增强孩子平衡能力的训练,为进入下一阶段的学习做好身体方面的准备。从运动平衡方面观察和引导孩子,从而帮助他在情绪和认知方面平衡发展。

那些帮助平衡的好玩具

孩子天生就热爱平衡的运动和游戏。

我们前面讲过婴儿在摇篮里的被动运动,孩子天生就喜欢轻柔的摇晃,这是锻炼平衡的基础。孩子从抬头开始一直到直立行走,都是在磨炼自己的平衡能力,发展脑对身体的控制能力。

孩子在向外探索的时候,不断地提升自己的身体控制能力和运动能力。当他玩耍的时候,平衡游戏又成了他的最爱,这也许是因为大脑知道自己需要什么吧。

◆ 沙发

沙发是孩子幼儿时期最好的玩具之一。会爬的时候,他在沙发周围爬来爬去,时不时扶着沙发站起来,然后又在柔软的坐垫上深深浅浅地爬行,柔软的平面对于平衡又是新的挑战,爬一爬、坐一坐、立起来,又向上爬,这太有趣了!当他可以走路的时候,爬行的地方又延伸到扶手上和靠背上,这是一条充满冒险的路径,不但摇摇晃晃,还高高低低,这样的挑战让孩子既兴奋又刺激,总是在上面来来回回地完成一次又一次的挑战。等他再大一点,柔软的沙发垫又成了最好的蹦床!这些都是相当棒的平衡锻炼,对于微小平衡感的把握和本体感觉的启发都非常好。

曾经一位贪玩的好友,为了"解放"自己,总是把不到1岁的女儿丢到沙发上玩。孩子正是学走路的时候,在软软的沙发上爬上爬下,练习行走,双腿明显呈"O"形,我总是担心孩子长不好,提醒她关注,她不以为然。随着孩子的成长,我很快发现,她孩子的平衡能力掌握得很好,大运动的能力超越同龄孩子。

我家里是没有软质沙发的,选用的是藤椅。即使是藤椅那样硬邦邦的扶手靠背,孩子也会不停地在上面爬行,圆弧形的藤编扶手和靠背上面的平衡还真难把握。每次爬完全程，孩子都会为自己的胜利欢呼。

孩子到了外面，看到沙发就想上去跳一跳、爬一爬。有一次，在朋友家的客厅里，朋友的父母正在举行同学聚会，沙发上坐满了老年人，我一不留神，小朋友走过去说："爷爷奶奶好，我可以到沙发上玩一会儿吗？"得到允许后，他就在老人们身后的沙发靠背上爬来爬去！即使是到了 11 岁，每天跟妹妹最开心的玩法就是站在沙发靠背上，贴着墙，看谁站得稳。有正常的路不走，孩子总是喜欢走马路沿上，乐此不疲。

◆ 滑板车、平衡车

孩子到了三四岁，滑板车和平衡车成了最喜欢的玩具。在我们小区里，滑板车基本是上小孩子的标配，最近又流行起了平衡车，就是那种没有脚踏板和辅助轮的、用脚助力的小自行车。这类器械都可以很好地帮助孩子锻炼在运动中的平衡能力。玩这些器械的时候，家长一定要有安全意识，提醒孩子哪些地方是可以滑的，哪些地方是不能去的，同时还应为孩子戴好头盔等护具，这是运动的前提条件。

我儿子小时候因为有滑板车，还帮妈妈承担了不少运输的工作，这让他额外生出一份自豪。当妹妹开始使用滑板车的时候，这份工作又传给了妹妹。妹妹最喜欢的就是与妈妈去超市，她可以帮妈妈运货。

◆ 蹦床

蹦床是一个锻炼平衡、提高本体感觉的好器械。这里说的蹦床是孩子自己跳跃的蹦床，而不是游乐场里用弹力绳把孩子拉得高高的蹦床。游乐场的那种蹦法孩子是无法自己掌控的，并不推荐孩子使用。在自己能掌控的环境下，孩子有节奏地上上下下蹦跳，是对前庭很好的刺激，视觉也配合起来，让人在空间中了解自己的位置、方向。同时，这样弹跳时，对关节和肌肉有很大的作用力，促进改善大运动的能力。如果孩子在跳跃时，我们在旁边放合适的音乐，或是让孩子跟着节奏背儿歌，还可以促进听觉辨别的能力，并对语言中枢产生刺激，发展孩子的韵律感。你会发现，经过这样的训练，孩子的口齿会更清晰。

孩子们多么喜欢这项运动啊，床垫上、沙发上，都是他们蹦跳的身影。不过，做这项运动的时候，一定要注意安全，最好在周围用枕头或靠垫保护起来，或是加护网。

◆ 跳房子

跳房子也叫跳飞机，这可是一个有来头的游戏。它起源于罗马帝国时期，原本设计出来是用于罗马步兵的军事训练，后来成了全世界小朋友都玩的儿童游戏。孩子们还为这个游戏设置了评分标准，更增加了闯关过级的乐趣。游戏的设备也很简单，只要有块平整的空地和一个能在地上画出痕迹的工具就可以了。先在地面上画出大小适中的方格或飞机等形状的房子，标注上数字，再捡块石头，就可以开始玩了。只是现在的孩子自由的户外玩耍时间越来越少，很少看到孩子玩这个游戏了。

游戏的规则简单易懂，还可以和同伴一起调整和约定规则。传统的玩法是把石头按照格子中数字的顺序扔到相对应的格子里，然后跳一个来回，返回时捡石头，如果遇到单格就用单脚跳，遇到双格就两脚同时落在两个格子里，捡到石头后再用同样的方法返回起点；接着向下一个序号扔石头，直到所有序号都完成了，就背对着房子扔石头，落到哪个格子就可以占到它，最后比谁占领的格子多。

这个游戏的活动量不大，而且单、双脚轮换使用，适合各个年龄段的孩子一起玩，既可以训练孩子的平衡能力，还可以锻炼身体的协调性。

另外，跷跷板、荡秋千、大滚筒等游戏都可以帮助锻炼孩子的平衡能力。我们还可以想一些有趣又方便的小游戏，与孩子一起做。

跳房子游戏

孩子大一点，对自己身体的平衡能力控制得比较好了，就可以玩一些控制其他物体平衡的游戏，如带球跑，可以是篮球，也可以是端在手中的乒乓球，还可以带着球穿越障碍物。在运动中，锻炼孩子的感官配合和平衡控制。

放手让孩子自己运动，把握孩子构建心理平衡体系的好时机

在养育孩子的过程中，父母的呵护和照顾是孩子最需要的。当孩子能够自主活动时，就需要父母适当放手了。因为，从自然发展出来的运动对孩子意义重大，可以帮助孩子从外到内找到平衡。

我们站在孩子的角度来看看他们做了什么，然后他们得到了什么：当孩子只能俯卧抬头的时候，他能看到眼前1米的范围；当他能用手撑起上半身时，视线范围有了非常大的变化，可以看到前面大范围的环境，这对孩子来说是多么大的收获啊！当孩子靠自己的努力，可以爬行了，可以走路了，可以骑车了，这些运

动带来的成就感从多方面涌向他——扩大视野范围、可以自由探索，追上爸爸妈妈，风一样的速度……这些原本就是巨大的奖励，是对孩子不断地努力学习和探索最好的鼓励。运动，让他学会了掌控自己身体，并给他带来发自肺腑的快乐，让他通过自己的控制，与世界建立起联系——可以主动控制的联系。

自行车与儿童滑板车

当然，安全第一，父母需要对孩子运动的环境有所选择，另外，有一定危险的运动，像轮滑、骑行等也一定要戴上头盔等护具，攀爬、蹦床需要配备安全带或安全网。

然后，放手让他自由运动吧。

前文中，一直提倡让孩子自主运动，自由活动。只有自由的活动才能让孩子得到自由的发展，才能让他形成更协调的身体和更健全的大脑机能。除此之外，自由运动还对孩子的心理构建起着重要的作用。

◆ **放手让孩子自己运动，可以让他建立起自我意识，学会找到内心的平衡点**

小孩子都喜欢攀爬，在公园里，总是可以看到小孩在乱石上爬来爬去。而这个时候，就会有妈妈一边守护着孩子，一边在旁边指手划脚，不但"加油、加油"地鼓励他，还会出谋划策，帮他想各种办法。你可能会觉得，我们就是要这样积极去帮助他、鼓励他，好妈妈不就是要正向鼓励他吗？

实际上，孩子在崎岖的地面行走、在大石头上爬，可能非常缓慢，他每一步都在寻找一个点，试图抓住一个给他带来平衡和肯定的点。这是在做决定，内在肯定自我的决定。而这其实就是在发展着他的自我意识。通过集中精力来发现这个"点"，从而建立起自我意识感，再通过自我意识感去寻找和发现不断出现的"点"，并形成正向良性的循环，这对他今后的生活意义重大。

爬石头

可是他的妈妈在旁边一直喊："加油！加油！你最勇敢了！加油，别怕，你是最勇敢的，第一名！"我们想一想，一个孩子去发展他的自我意识感，通过自己的努力带来他对环境的感知，得到自我肯定和平衡，这与竞争和第一名有什么关系呢？这些话不仅仅打扰了他，还破坏了他与外界直接产生联系的意境。无论是鼓励还是赞扬，都会破坏他单独应对的状态，那不再是孩子自我的瞬间，可能把他带到另外一种情景，使他的行动、性格及他对事物的反应形成另外一种模式——成了"妈妈，你看我，你看我！"，或者很在意别人的反馈——使孩子很难进入全身心投入的状态。

另外，现在的孩子有不少是盲目的勇敢。因为在他小的时候，他还无法去肯定，他的身体没有得出一个反应，这一步走出去是怎样的结果。这个时候，他旁边的引路人，父母或者其他成年人，在强制他、鼓励他做自己还没有确定的事情。

所以这些孩子被培养出一种盲目的、鲁莽的、好像是勇敢的行为。即便如此，仍然有人大加赞赏这样的小孩，觉得这个孩子真的是很勇敢，他们以后在未来的生活里面一定是一个非常有创造力、敢于挑战困难的人。但事实并非如此，真正有创造力的人，都是他们的反应与真相相遇后才做出决定的，不是乱来的。我们不能鼓励孩子乱来。

当然，大人有责任照看孩子的安全，而不是在一旁看手机。安静地守护，才是我们应该做的。

◆ 放手让孩子自己运动，可以培养孩子的专注力

专注力在大脑中的活动机制是怎样的呢？首先，起点是感兴趣，觉得有趣、喜欢，从而想自己做，自己运动，其次独立完成。"独立完成"是其中很关键的一步，可以让大脑获得奖励，奖品就是快乐，这正是产生"干劲"和"欲望"的根源，是孩子将来高水平专注力的"秘诀"。这种情绪越高涨，孩子越能抱着一种使命感去做，越容易做到"全力以赴"。

孩子在自己运动的过程中，是没有得失心的，他会全身心地投入。

平衡与端正的姿态，也是帮助孩子提高专注力的重要因素。当孩子通过一系列自主的、自由的运动获得平衡能力后，他的专注力才会被调配到更高级的思维活动中来。

前面提到过妹妹的情况，她双眼的不平衡状况直接影响了她的专注力，随着她视力矫正和平衡运动的加强，专注力也得到逐步提升。

单从视觉来说，双眼不平衡会造成经过左、右眼输入的信息不同，大脑需要额外工作来处理这些不同的信息，这样一来，大脑很容易疲劳，也就很难集中精力了。这个问题也同样显示在学习时姿态不端正的孩子身上，这就需要家长的关注和提醒了。

◆ 放手让孩子自己运动，可以培养孩子的自信心

自信心，对一个人来说非常重要，甚至可以重塑他的行为方式。培养孩子的自信心是我们在养育孩子的过程中极其重要的一点。

如何让孩子建立自信呢？运动。

前面提到的小朋友畅畅通过游泳获得了自信，在此之前，他还尝试过跆拳道、体操等其他运动，因为兴趣等原因都没有多久就放弃了，而游泳让畅畅根据自己的节奏练习，慢慢学会，然后慢慢提升，一切都在自己的掌控之下。重复的动作和训练不断地增强他的身体能力，增加他对自己身体的控制能力，从而可以让他更好地达到自己的目的。

一次稳定的跳跃，一个技能的掌握，一次成功的接球，都是对孩子勇于进行下去的鼓励，这让孩子对自己的能力产生了肯定，从而产生自信。不断地尝试、不断地运动，在心里形成一座完整的堡垒，随着这样的经历越来越多，这个堡垒会越来越坚固。

运动的种类非常多，总有适合孩子的那一款。社会上暗暗流行的运动鄙视链并没什么意义，没有高级的运动，只有适合的运动。鼓励和支持孩子坚持运动，不仅可以让他建立起自信心，还可以让他有一两项喜爱的运动，伴随他成长，并终生坚持运动。

蒙台梭利曾说过，教育的一条基本原则就是"不为孩子的自然发展设置障碍"。关于教育，我们应该思考的是"怎样给予孩子自由"；同时，需要注意的是，自由的原则并非是放任，而是引导我们从幻想进入现实，指导我们积极有效地照顾孩子的原则。

在周围人的眼里，4岁的晶晶是个经常胡闹的小女孩儿，甚至无理由地哭闹。而这一切只是为了看看大人的反应。她妈妈一脸无辜地说："我看到书上说要给孩子自由，所以我基本上什么都听她的，她想怎样我都尽量配合！"旁观者看到

的是，晶晶妈妈什么都让孩子拿主意，甚至在陌生的环境里需要走哪条路这样的事也让孩子先来拿主意。孩子就越来越迷茫，甚至失去了安全感。没有行为边界，没有心理依靠，只会让孩子更无理智地到处试探，寻找底线。

在运动方面，自由的意义在于：让孩子找到在演化过程中，自然赋予的、隐藏在基因里的、使之成为有独立发展的人的能力。找到这个能力以后还会继续发展，通过有目的的训练，才能提升卓越的能力。

第四章 大运动开发，打好身体与大脑发育的基础

大运动带来肌力提高，每一次变化，都是一个大脑发育的"里程碑"。

从最初"原始反射"的整合开始，孩子启动身体大的运动。孩子学习抬头、翻身、坐起来、爬行和行走，发展出身体中大的肌肉群，同时也发展出控制身体粗大动作的能力。而这仅仅是平衡和协调的开始，孩子学会控制身体、颈部、腰背部、手臂和腿，拥有了攀爬、行走、奔跑和骑行的能力。这时候，也基本完成了脑的几大部分的连接，脑由最原始的底层向外层逐步升级，为今后学习其他技能打好了基础。也正是这段时间，孩子通过大运动发展了大脑和身体之间的主要连接。这些连接对孩子的读写所需要的平衡、协调，以及眼睛的运动控制是非常必要的。

这些姿势控制没有得到良好发展的孩子，会在今后的更高级的学习中和社会适应能力方面表现出或多或少的困难。无论是学习还是社会适应能力，都需要反应的灵活性、情绪的控制能力和思维的创造力。

爬！爬！爬！爬行是大自然赋予生命的智慧

孩子成长的过程中，爬行是一个重要的阶段，是孩子发育的一个里程碑。这个阶段的孩子开始学习用手和膝盖保持平衡，协调四肢，腰臀发力，前后移动，抬着头，到处探索。

这个运动的好处真是太多了！

从孩子自身来看，虽然还不能像大人那样行走，但是已经可以爬到任何想去的地方了！活动范围一下子增加了一个数量级。孩子一旦学会爬行，就会兴奋地到处爬，爬累了，就一扭身坐下来。这时候，家长需要格外注意一些安全隐患。

从身体方面来看，爬的过程是脊柱平衡协调的过程，也是整个胸腔骨骼发育平衡的过程，同时可以锻炼到与呼吸有关的肌肉，包括肋间肌、膈肌、腹壁肌、胸锁乳突肌、背部肌群、胸部肌群等。如果孩子没有经过充分爬行的阶段，脊柱在水平面上不容易平衡，脊柱两侧的肌肉张力较小，整体的平衡结构会出现一些微小的紊乱现象，即使他站起来行走时表现不错，但平衡的微调能力和肺部的能力都发展滞后。另外，爬行可以均衡地发展上下肢力量，对腰背部大肌肉群的发展有很好的锻炼。人类直立行走以后，大部分的力量在下肢，而上肢在力量和敏捷方面都相对较弱，爬行是对上肢很好的锻炼。当然，在这个阶段的孩子经过充分的爬行，还可以促进肌肉的生成，促进韧带灵活和骨骼发育，防止孩子过于肥胖。

膝手爬行，最理想的方式是"恐龙爬"，也就是对侧肢体同步，当然很多四足动物都是这样行走的：左手和右腿同时起落，右手和左腿同时起落，促进了四肢和身体的协调能力。

在爬行中，呼吸肌肉得到了全面锻炼，促进了肺部的发育。很多家长会觉得，孩子在地上乱爬很不卫生。殊不知，这种不卫生可以给孩子带来意想不到的收获：对于婴幼儿来说，湿疹和过敏是比较常见的，是一种免疫过度的现象，而70%的湿疹或过敏并不是由食物引起的，更多的是环境中的物质引起的。婴儿在地面爬行时，吸入灰尘和接触到的花粉、污垢的水平比走路时大大增加，而这正是可以脱敏的机会。有研究表明，较早地接触灰尘等物质，可以让孩子增强免疫力，降低未来哮喘的患病概率。我们只需注意给孩子勤换衣物、勤洗手就可以了。

从脑发育的角度来看，爬行也具有重大的意义，尤其是对前庭系统有很大的促进作用。

在爬行过程中，可以学习用眼睛观察到某个物体或目的地的距离。这有助于婴儿了解周围环境和所见事物，锻炼通过视觉来定位物体的能力；还可以帮助婴儿学习稳定追踪物体的能力，为将来的阅读打下良好的基础。爬行的双侧身体协调运动，促进了左、右半脑的协调发展，也为交叉运动能力的提高打下基础。爬行时，四肢接触地面及其他物品，有很多探索的机会，可以增加孩子对世界的感知力，提高孩子的空间认知能力；爬行时，孩子仰着头，提高了颈部肌肉张力，帮助孩子发展前庭功能，提高孩子的平衡能力。这些都利于孩子认知能力的发展，对于思维和记忆也会有一定的锻炼效果。总的来说，在练习爬行的活动中，孩子的大脑会与身体建立连接，爬得越多，这些连接就变得越清晰，技能就越自动化，从而可以让大脑发育得更加完善。

爬行还会增加孩子社交和与环境互动的机会，是孩子学习如何处理失败和克服困难的过程，同时又提供了让孩子学习承担一些可控的风险的机会，并且一点点地尝试和探索自己的潜力。孩子在这个时期，可以初步建立良好的自我意识。

心理学家对在婴儿爬行阶段得到大量锻炼的孩子与跳过爬行阶段直接学会走路的孩子中进行了一系列的对比，发现：爬行多的孩子大运动能力强，动作灵敏、情绪愉快，求知欲强，学习能力强；而没有经过爬行阶段的孩子更容易出现注意力不集中、动作不协调的情况。在学龄期，那些婴儿期爬行锻炼多的孩子，在正确握笔书写和阅读等学习方面，也表现得更优秀，可以更快地进入学习阶段，适应学校的节奏。

爬行是目前国际公认的预防感统失调的最佳手段。如果，你的宝宝还没有到爬行阶段或是正处于爬行阶段，就让他大量地爬吧！从匍匐爬行到膝手爬行，帮助他设置好爬行的环境，还可以设置缓坡、隧道、大幅度的斜坡，让他快乐地在爬行中成长和探索。如果，你的孩子已经长大了，可以带他到有机会锻炼爬行的环境中玩，带着他一起研究不同的爬行，像蜥蜴那样爬，像恐龙那样爬，像毛毛虫那样爬，像猩猩那样爬，还可以面朝上地模拟蜘蛛爬。孩子的想象力更丰富，他会玩得不亦乐乎！

我儿子在爬行阶段时只会像蜥蜴一样匍匐爬行，而且总是用肘关节支撑上身。我用了不少的辅助方法，可他还是没有经过四肢撑地爬行就学会走路了。他上幼儿园时，大运动能力明显不足，在集体运动时总是显得比较胆小。那时候他很容易感冒，基本上一两个月就感冒一次，后来还引发了过敏性鼻炎。入学后，书写是他的一大问题，开始会写很多的镜像字，而且写得很慢，这个问题持续了他整个小学阶段。发现问题后的矫正要比在关键期的锻炼困难得多，但是努力改善还是可以获得提升的。幼儿园阶段，我更多的是增加他的户外活动，改善体质；在他入学以后，问题凸显出来了，才开始带着他回到爬行阶段，我把家里的整个客厅完全打造成孩子的游戏场所，晚饭后的活动时间，他常常和妹妹在客厅翻滚、爬行和跳蹦床。

另外，我还特别教了他两个锻炼上肢协调性、腰背力量和手臂力量的运动。

猫 式

首先，四肢着地，膝手支持住身体，双膝和双手与肩同宽，肘部略弯，防止关节过分反向受力。身体平直，吸气，抬头，肩部远离耳朵，上背部下沉，这个时候需要注意的是，身体的中间区域，包括腰椎、骨盆、髋关节及相关肌群，也就是常说的核心部位需要给些力，不能过分塌腰，保护腰部脊柱，尽量活动到胸后脊柱。然后，低头，弓起上背部，把注意力放到肩颈到胸腔后面的脊柱部分，吐气，收腹，从旁边观察，可以看到肩胛骨的收缩活动。整个过程动作缓慢，呼吸尽量悠长，重复10~20次。

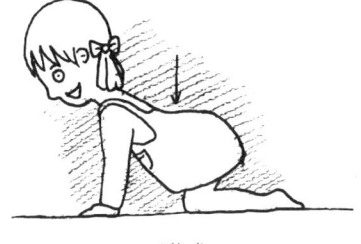

猫式

做完其他活动以后，再做一组猫式。做的时候，需要注意头部是否能够跟上节奏，腰椎部分是过于僵硬还是过于灵活，手肘会不会向外翻转。

这是在瑜伽中最常用的动作，也可以锻炼到肺部呼吸和胸后部脊柱的柔韧度，以及上肢与肩背的力量与平衡。

不仅哥哥需做这个运动，妹妹也需要做，虽然她幼年时爬得很多，但她的腰部肌肉力量不足，平时总是喜欢瘫坐着。

划 船

跪坐在自己的脚后跟和小腿上，臀部不离开小腿，把下肢当成船，用双臂的力量来拉动身体向前滑。

划船

这个运动对于上肢力量是很好的锻炼，刚开始的时候难度挺大的，鼓励孩子循序渐进地练习。可以先以孩子能拉动自己为目的活动，臀部抬起来也没关系，借助整个腰背和臀部力量滑动起来。或者坐在垫子上，向前拉、向后推。此时，整个背部都会发力。这个运动可以改善和颈部和上肢有关的紧张与未整合好的原始反射，增加整个肩背和手臂的肌肉力量。

要持之以恒地做这些练习，对于好动好玩的孩子来说是一件是比较枯燥的事，可以教孩子配合着游戏或者儿歌来做，增加趣味性，这样能够提高孩子的积极性。

现在在成年人的健身活动中，也开始流行爬行运动，如鳄鱼爬、熊爬等。爬行运动不仅可以增强上肢力量,改善腰背疼痛,辅助治疗腰椎间盘突出,还可以提高身体协调能力,锻炼核心肌群,快速提高心肺功能。当然,这些爬行运动更是一项超强减脂的运动!那么,就跟孩子一起快乐地爬行运动吧。

各种球类,人类运动上的伟大发明

有一个著名的脑科学实验发现,在跑步机上完成一次 35 分钟心率提高 50%~70% 的运动后,大脑的认知灵活性大大提高。日本科学家通过实验发现,每周慢跑两次,每次 30 分钟,那么 12 周后就能提高大脑的执行功能。但运动不仅仅是跑步,那些复杂的技巧性运动对我们的大脑有什么实质性的影响呢?

美国的脑科学家做了一个有趣的实验。在实验中,一组老鼠被训练跑步,另一组老鼠被训练完成走平衡木、攀爬和玩球等复杂技能。经过两周的训练,学习复杂技能的老鼠脑内的一种负责建立和保养神经细胞回路的蛋白质增加了 35%,而训练跑步的老鼠并没有增加这种被称为"大脑优质营养肥料"的蛋白质。

显而易见,我们的大脑既需要有氧运动,也需要复杂的技巧性运动。那么我们为什么不选择二者兼备的运动呢?球类,就是一个不错的选择!

小孩子天生热爱玩球,我们把球送到孩子面前,他一定会去玩,就像本能一样。还不会走的孩子,看到球就要去抓,彩色的球对他有着极大的吸引力。追球,对幼儿是很好的运动启蒙。锻炼他的追视能力,这对于孩子的视觉功能锻炼很重要,孩子还会通过球的远近来学习距离和空间位置。视觉是我们最主要的信息来源,视觉功能也直接影响着大脑的判断能力。同时,碰到球并不意味着得到它了,滚圆的球面常常让孩子抓不住球,这很有趣,他会不断地尝试抓住球。

孩子会走路、会跑了,看到球,他就想去碰、去踢。当他学会了运球、接球、拍球,他会不断地精进自己的技能,这可以锻炼手指的灵活度和手眼协调,培养孩子的专注力和身体的协调能力。找人来跟他一起玩,一起玩可以给孩子带来很大的快乐,这是锻炼孩子进入社交活动的第一步。

接下来，孩子开始与小伙伴一起玩球类游戏了，这些游戏有效地提高了孩子的判断能力——球往哪里跑，我拿到球以后怎么控制住它，又往什么地方踢，别人踢过来的球我该怎么接住，用什么力度把球传出去。这些判断从运动中产生，又在运动中实践。快乐中提高了认知、判断和控制能力。小朋友们一起玩球，还可以形成最早的团队合作意识。球类运动提高了孩子的灵敏度，在处理球的运动中启发了孩子果敢的性格。这些都有利于孩子的心智发育。

当孩子进入小学后，体育运动全面开展起来了。球类运动是孩子最喜欢的运动，足球、篮球、羽毛球、乒乓球等，孩子在这些运动中全面发展起来。

各种各样的球类运动真是伟大的发明！从双人的运动到多人的运动，既有对抗又有合作；既是有氧运动，又是技巧性运动。控制距离，快速跑动，敏捷地跟着球运动。动作的配合，眼睛和身体的配合，极大地锻炼到全身，调动起感官，并需要高度集中精力来应对。每一次进攻、每一次防守都结合了快速的判断和身体迅速的反应，都是尽力而为。这样尽力地调动全身的运动让孩子身心愉快。

技能优秀的人可以把技术表现成艺术。小虎的妈妈选择了一个离家很远的训练场，让孩子学习羽毛球，因为那里的教练对于运动的理解是协调和艺术，认为打羽毛球的动作像跳舞一样，要有美感。协调而伸展的运动是有力量的艺术，这是对认知能力的提升。

而他家附近的羽毛球训练机构虽然拥有各种省市级比赛奖牌，但刻板且高强度的训练方式淘汰了很多孩子，他们的目标本就是在众多的孩子中选拔有专业潜质的孩子来强化训练，在比赛中获得奖牌，同时提高机构的知名度。但非常遗憾的是，被淘汰的孩子中，有不少人从此不再热爱这项运动了。

儿童体育运动不同于成年人的运动，竞争性和激烈性都相对缓和，为孩子运动能力的全面发展提供了机会。一些儿童专项运动机构为儿童设计的课程比较合理，把技术技巧融入到适合孩子的游戏中，让孩子开心地完成训练，还给孩子留下一定的自由空间，让孩子有机会发挥自己的想象力和创造力。也有一些机构只是照搬成年人的训练方式训练孩子，一旦孩子想放弃，就把意志力和耐挫力的一些说辞搬出来。每个孩子适应的方式不同，儿童运动绝不是苦行，需要家长认真观察并尊重孩子的意愿，只有孩子爱上运动，才能更好地坚持，并发挥出身体的创造性。

建议每个孩子都选择一到两项球类运动，并坚持下去，有利于培养情绪稳定、性格坚毅和持之以恒的品质。同时孩子还能收获一份较持久的友谊。运动中的友谊具有柔韧性，可以让孩子更早理解人与人之间的边界，以及如何做到伸缩有度。

最佳亲子时刻——一起去徒步、去爬山

想让孩子健康成长，体能培养也是很有必要的。

健康的孩子需要自由，讨厌被束缚。在穿衣方面，需要选择宽松合体的衣服；在运动方面，也需要减少束缚，让孩子的身体可以自由活动。这样，有利于孩子的血液循环，促进对营养物质的吸收。相反，对孩子身体的过分担忧和保护，反而会给孩子的健康成长带来更大的阻碍。

◆ 带孩子去徒步

锻炼体能的最好方法，就是在孩子会走路以后，经常带着他去徒步。徒步的距离根据具体情况调整，既可以活动身体，锻炼体能，还可以锻炼他的意志力。

社会发展和城市聚居的环境，让孩子接触大自然的机会越来越少。徒步是与孩子一起锻炼、一起接触自然的最好的亲子时光——在大自然中行走，回归人类最初的生活运动状态。在氧气充足的环境中徒步能够促进全身血液循环，这是一项自然温和、强度适中的运动，可以增强体魄，提高免疫力。

孩子学会走路以后，可以先带他在家附近散步。一边散步，一边认识周围的一草一木，让孩子听到各种声音和多样的词汇。孩子在每天的活动中，腰腿变得

越来越结实，同时听说能力也不断提高。

随着孩子的成长，徒步的距离可以更长，范围扩大到附近的公园或是到郊区的大自然中。沐浴在阳光下，行走在自然间，可以让身心放松，情绪上得到充分舒展。孩子们都喜欢大自然，在自然中学习自然知识，认识自然，让他们热爱并敬畏大自然。

在青山绿水间有节奏地行走，稳定地呼吸，同时，聆听着大自然的声音，让这些节奏和声音滋养孩子的精神。这时候，头脑是清朗的，可以让孩子认识到自己也是大自然中的小主人。

徒步是有氧运动，可以增强心肺功能，还可以帮助调节消化系统。对于脾虚和肠胃较弱的人来说，徒步是最好的锻炼。最佳的锻炼强度是微微出一点汗，可以有效提高身体素质。

爸爸妈妈带着孩子去徒步，各自背一些食物和水，告诉孩子大致的行程，教孩子合理地分配体力，适度地补充水分、维生素和能量。让孩子学会规划，掌控自己的身体，理解疲劳，学会坚持。在不同季节的徒步中，在大自然中会碰到意想不到的困难和新的未知，鼓励孩子减少依赖，独立解决问题，坚定自己的意志，增强自信。

一起在大自然中行走，相互帮助是经常的事儿，对孩子来说，这样的影响会深入身体，深入内心的。

有一次，我和几个朋友带着孩子们在大理苍山脚下的一段缓坡徒步，路上每隔一段就有一个不大不小的陡坡——大概不到两米高的自然石阶。每到这个时候，就会有大人先上去，从上面拉，下面的大人把孩子往上推，孩子们都很开心，都想先上去，再帮助别人。两年后，我带孩子去草原，遇到陡坡，他总是会先尽力爬上去，再伸手去拉别的小朋友，帮他们上去。这对他来说再熟练不过了。

带着孩子去徒步吧！这种自由度大，并不激烈，但持续时间又长的运动，是孩子最好的身心营养。提高体质、增进同伴的情感，锻炼孩子的意志力，还可以随时随地对孩子进行引导。

带着孩子徒步

◆ 爬山是徒步的进阶

在孩子成长到一定阶段，还可以选择一些适合孩子的地方去爬山。爬山不仅有利于孩子的身体发育，健全各器官系统的功能，使孩子体格健壮，还可以锻炼孩子的毅力。一个有毅力的孩子，是有能力把事情做到底的，不会轻易半途而废。通过带孩子一起爬山，可以让孩子认识到坚持的重要性；同时体会到只有经过艰苦的路程，才会有高处风景独好的幸福感。

爬山的过程也是孩子探究自然的过程，在户外活动中，他更自由了。孩子会对路上的一切都充满了好奇，一棵树、几个野果、一片梯田、一段石阶、一个凉亭和一座庙宇，孩子一路不停地问这问那，走走看看，还总想去陌生的路上去探探险。当然，爬山尤其需要注意安全，带孩子爬山，最好选择熟悉的山路，或是相对平缓的坡路，尽量不去人迹罕至的地方。

爬山可以促进孩子情感发育，在大自然中，大人也可以缓解压力，释放天性，找回童真，与孩子一同嬉戏玩耍。抛开日常的焦虑，更容易与孩子沟通，引导孩子提高与伙伴的沟通和交往的能力。这样的教育会让孩子更好地适应环境，适应群体生活。大自然中的运动，让一个家庭更有凝聚力，形成更深的情感联系。

在爬山的时候，还可以带着孩子背一背应景的古诗词，给孩子讲讲历史文化故事。城市郊区的山很多都是有故事的。有古代的传说，也有城市发展的故事。有些家长带着孩子感受路途中的美景，感受当下的心理体验和生活感悟；有些家长带着孩子心无旁骛地攀登到顶，给孩子讲努力实现目标的人生道理和价值观。在大自然中的教育是健康的、和谐的，也是积极乐观的。

我的一位朋友每到周末，只要天气允许，她都会提前准备野餐的食物，一家三口去固定的两三处山地活动一天。大人在这个活动中释放了生活和工作的压力，孩子在活动中强健了体魄，一家人其乐融融。三年的时间，孩子从肠胃不好的小不点，长成了班里最高大的男生，夫妻二人在创业中堆积的压力和身体问题也逐步得到解决。

当孩子熟悉了这样的运动和行程以后，还可以一步一步放手，让孩子来做活动的规划，并在出发前为一家人准备用品。这并不是一件简单的事，需要考虑的问题涉及很多方面——时间、行程、用餐及能量补充、衣物准备、应急物资和备案等，这样的深度参与对孩子又是一种综合能力的培养，计划能力，时间管理，责任心，学会为团队的整体考虑问题……

节奏感，在音乐中舞蹈，益智又治愈

日升日落、四季更替，大自然是有规律的；我们养育孩子，提倡"早睡早起，定时就餐"，身体也是有节律的。人类对节奏有着天生的喜爱，那么节奏对大脑是不是也有特别的意义呢？

2008年，日本科学家为了研究不同的生活节奏对孩子产生的影响，特别进行了关于节奏对大脑影响的实验。实验是在托儿所和幼儿的家庭范围内做的，在养育孩子的过程中，除了早睡早起，还特别设置了节奏游戏，引导孩子配合节奏做身体运动。经过三个月的实践后，对这些孩子进行测评发现：他们的心率明显下降，精神也更放松、更镇定；自主神经活动得到提升，能够充满活力地参加活动；大脑整体表现得平衡而舒缓；在跟着节奏运动的过程中，前额叶的活动变得更活跃。大脑的前额叶是人脑掌管最高机能的部分，对前额叶充分的刺激，有利于促进大脑的活化，发展孩子的认知和思考能力。在这个实验中，人们还发现，在节奏中活动，无论是对于孩子还是对于养育陪伴孩子的大人，都可以减轻焦虑，稳定情绪。

◆ 声音、韵律与脑的关系

听觉是有空间维度的。声音是由物体的振动产生的，在介质中以波的形式传递，就像光束，是有空间、有方向的。声音在与物体相遇时，会被物体表面吸收或反射，就像是声音的"阴影"。我们的两只耳朵可以对声音进行来源定位，寻找声源的方向和位置。大脑逐渐学会比较声音到达每个耳朵的时间，通过微小的差别来定位声源。如果一侧的耳朵有听觉损伤，就会影响大脑判断区分精确微小时间差别的能力。听觉和平衡帮助我们知道眼睛看不到的地方发生了什么。

大脑中匹配声音和视觉的综合能力是需要经过多年的锻炼发展而成的，这种能力正是阅读和书写的本质。阅读时，眼睛吸收到书本上的视觉符号并解析为大脑里可以"听"到的内部听觉图像，就像在朗读一样。然后，这些内容才进入大脑的其他部分进行下一步处理。书写则是阅读的反过程：大脑中的想法是以听觉图像呈现出来的，然后把这些想法解析成适合的视觉信号传导出来，以完成书写。因此，听觉对更高级的学习也是很重要的。视觉和听觉信息匹配及转换的能力，是学习的基本功底。从大脑运行机制上说，这个匹配的过程也需要大脑运动皮层的配合。而视觉和听觉的机能发展本身，以及二者的配合是离不开运动的。

法国耳鼻喉外科医生阿尔弗雷德·托马提斯博士创立了声音疗法，用于治疗各种紊乱症。通过观察从唱不上去某些高音的歌剧演唱者到语言功能受损的儿童，他发现韵律和声音是通过人耳的不同部位来处理的。他将前庭器官描述为"身体的耳朵"，是用来感受和产生运动和韵律的部位；而耳蜗或者听力器官则处理对声音或者高音的感知。

通过前庭系统，韵律成为基于人体的一种功能。哪里有运动，哪里就有频率，有频率就有声音，可以说声音是一切运动的产物。内耳的两个耳舱需要共同合作以产生音乐的二重奏——韵律和声音。

◆ 舞蹈是通过身体表达情感的运动

音乐把我们带到运动的世界，带到几乎整个宇宙都通用的沟通媒介——舞蹈。在原始社会的各种仪式中，以韵律开始——用脚击打地面，用手来拍打，或是击鼓等。舞蹈逐步演变而来。最开始的舞蹈是脱离音乐仅作为时间和空间中的运动而存在的，表现了人们理解中的大自然，随着音乐的发展，舞蹈的意义也越来越丰富。

孩子天生爱音乐爱舞蹈，几个月大的婴儿就可以用"手舞足蹈"来表达自己快乐和满足的情绪了。1岁的孩子听到音乐，就会随着旋律摆动自己的身体，挥舞小手，还会跟着节奏拍手和点头。当孩子学会走路以后，他就会不停地运动着腿和脚，尤其是能够跳跃的时候，就总是不知疲倦地蹦呀、跳呀，一旦音乐响起来，就跳得更欢了。

舞蹈是一种十分复杂的运动，能够让大脑的全部神经细胞参与其中。舞蹈反映出人类对自己身体活动的掌控和运用能力，它体现了人类多元智能中的**身体－运动智能**。在这项运动中，又增加了节奏和旋律，用身体表现出情感和情绪，增加了艺术的成分。因此，舞蹈是大脑在更高的层次上对肢体的运动和技能的操作。

在科学家的实验中，含有技巧的运动可以提高大脑的可塑性，让连接小脑、基底核与前额叶皮层的神经回路更活跃。丰富的技巧性运动让实验中的老鼠变得更聪明，让它们大脑神经元的突触生长得更密集。

舞蹈，是一种身体语言，通过有象征意义的动作表达情感。随着音乐的节奏和旋律运动，有时是有规则、有节奏的，有时又是无规则、无节奏的，这些会启动大脑多个区域来参与身体与韵律的协调运动。在这个过程中，不仅大脑皮层的多个区域展开了频繁的联合，皮层和皮层下部位也建立了协调性关系。特别是支配随意运动和协调运动的神经系统，这是我们从事各种复杂活动的控制中枢。舞蹈可以高效地促进这两部分系统的协同工作，对大脑是非常好的训练。

　　带着孩子随着音乐跳舞真的是一种非常棒的运动，这也是我和孩子晚饭后经常的活动。有时放快节奏的音乐，我们伴着节奏欢跳；有时放一些旋律优美的音乐，我们舒展身体，随着旋律舞动。总是想怎么跳就怎么跳，好像身体本就想那样动起来。有时候，孩子还会模仿不同的动物，用身体来讲故事。当然，专业的舞蹈对舞者的注意力、判断力和动作的精确度有更高的要求，情况越复杂，就越能够激活大脑与肌肉，从而完全参与到整个学习过程中来，不断地重复与练习更有利于髓鞘的形成与加固。

　　现在还有一些工作室开办舞动的疗愈，舒缓身体、疗愈心理。

　　随着音乐舞蹈，可以提高运动协调能力，促进运动机能和空间认知的发展，还可以加深对音乐的感知和领悟，让身体运动与音乐达成和谐的状态。在音乐中舞蹈，孩子可以慢慢学会用身体抒发情感，这个过程会使人的情感活动与肢体运动建立起更为紧密的关系，促进身心的交融。

自由舞蹈

古今中外的体育教育给我们带来的启发

体育教育是教育的重要组成部分，在社会的发展与变化中，体育教育也在适应环境中不断地改变。从古到今，放眼世界，各种不同的体育教育有很多值得我们思考和借鉴。

原始社会，捕猎和采摘所要求的运动能力是生存的基本需求。比较突出体能、敏捷等特征。

在中国古代，文化思想教育更受重视，不同时代的体育运动是源于生存和适应社会的需求。骑射、奔跑和摔跤等运动，更多的是独立于私塾之外，以师徒的方式学习。

古希腊的教育比较务实，强调实干和行动，所以体育教育很早就是教育的一部分了。他们赛跑、跳跃和摔跤，还要求在音乐和体操方面进行相应的训练。

古罗马人吸收了大量的古希腊教育理念，也强调行动的能力，在体育教育方面更像是用军事训练提高体能。

西方的骑士精神吸收了古罗马的理念，音乐和体育仍是教育的主要部分。体育训练的方式是更有对抗性的技能——骑马、剑术、长矛、标枪和狩猎。

过去的这些体育方式沿袭了一部分原始社会捕猎采摘的运动能力，更强调了运动的技巧性。比如骑射、剑术、体操等，技巧性强的运动可以提高海马体的可塑性，对于大脑的能力提升起到重要的作用。海马体属于边缘系统的一部分，主要负责短时记忆的存储转换和定向等功能。学习复杂的运动技能时，通过前额叶皮层指导，调动许多脑区共同参与，帮助大脑建立更多的神经网络，提高记忆的存储能力，并产生出更健康、连接更顺畅的神经元。这是形成日益复杂的思维能力的生物基础。

在华德福教育中，关于体育有两个特殊的课程，一个是"优律司美"，另一个是"波特曼运动"。

"优律司美"意指和谐有韵律的动作：或者从语言出发，用身体表达发音、表达意志情绪；或者从音乐出发，用身体表达音高音低，并表达意志情绪，是一种独特的体育加声音的艺术形式。

"波特曼运动"是波特曼公爵于20世纪20年代，基于"空间与自身关系"设计的适合孩子的基础协调性练习。经过多年的发展，在最开始设计的简单核心练习的基础上又增加了节奏、田径运动、球类技能、杂技和体操等多方面内容。现在的波特曼运动是集修身养性、感统训练、心理疗愈以及人体造型美为一体的运动形式，也可以说是一种冥想式运动。这种运动在一些学校、成人教育、治疗教育及物理疗法中得到应用。在这种体育教育中，体育不仅仅是身体运动，而且是结合人的身、心、灵，使之产生和谐的共同运行能力。

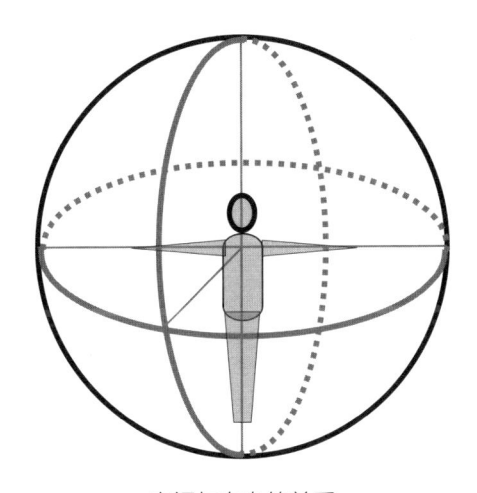

空间与自身的关系

第五章 精细运动，让人类智慧一骑绝尘

> "我们的手与大脑交谈，形成的突触诱发更大的控制、知识和意识。它就像任何肌肉一样，可以增强力量和精致。"

很多孩子上小学的时候会觉得写字很难，有的孩子握笔很用力，笔快穿透纸张了，有的孩子写得轻而潦草，字的大小无法控制，感觉文字快从本子上飞起来了。精细动作控制对孩子学习的影响很大，但往往从孩子开始学习写字时，家长才能发现这方面的问题。

良好的精细动作技能是建立在大运动基础上的。触觉、前庭系统和本体感觉得到发展并协调配合，才能准确地进行精细动作。这些精细动作由分布在全身的小肌肉控制，如手指、手掌、脚趾、眼睛、舌头、嘴唇和下巴上的肌肉等。

精细动作随着手眼协调发展起来，孩子才能逐渐学会堆积木、画画、写字、翻书、使用工具。那些写字困难、不喜欢使用剪刀、螺丝刀、镊子的孩子都存在手部的精细动作能力不佳的情况；而那些总是把饭菜掉得到处都是、咀嚼不正常、或者说话吐字不清的孩子，则是口腔精细动作能力欠佳。

经常在户外跑跑跳跳的孩子会比经常在家看电视吃零食的孩子有更好的精细动作能力。如果发现孩子有精细动作方面的问题，也请先把孩子带回运动场去，当然，还需要启发和锻炼孩子的小肌肉运动能力。

蒙台梭利在其书中写道："手是心灵的工具，一个孩子必须真正地与他们的世界接触才能理解，然后才能掌握和操纵它。我们的手与大脑进行交谈，形成的

突触诱发更大的控制、知识和意识。它就像任何肌肉一样，使用可以增强力量和精致。"

筷子与汉字，中国文化自带脑开发优势

人类的进化过程中，手与脑有着十分密切的联系。人类不仅拥有一个非常发达的大脑，还拥有一双十分灵巧的手。因为直立行走解放了双手，而双手的演化与发展又促成了制造工具和使用工具的能力，这是人类区别于其他高级动物的主要特征。

人手无论在形态结构上，还是在技能灵巧度上，都是其他动物（包括灵长类）难以企及的。拇指与其他四指的分化与捏合，双手的对掌以及对应动作，都是经过漫长岁月才演化完成的。人类大脑皮质层的增长以及智能的发展，在相当大的程度上是与人手的运用相互成就的。"手巧"与"心灵"同步发展，正反映了一个十分重要的事实——手的运用促进了大脑的演化。

我们来看一张奇怪的图——脑投射机体感受地图。这是按照身体的各个部位感觉神经元连接的数目而投射处理的图像，其比例与实际部位的大小完全不同，手的占比非常大。手指运动非常重要，不仅可以促进相应脑区的发展与成熟，还会使相关脑区的机能得到发展。而大脑中对应的手部功能区域与语言区域很近，说明手指的功能与语言能力的相关性很高。所以，手指运动的锻炼可以提高语言能力的发展。

脑投射机体感受地图

一位美国著名的心理学教授说："如果想变得更聪明，就学中国人使用筷子吧！当然，最好还要学习汉字。"

◆ **筷子的使用**

筷子，起源于中国，是我们祖先了不起的发明，目前发现的最早的筷子是河

085

南安阳殷墟的铜筷子。筷子在先秦时期称"梜",汉代时称"箸",到了明代开始称"筷",是中国饮食文化中最具代表性的标志之一。中国的筷子一头圆、一头方,代表"天圆地方",使用时,拇指和食指在上,无名指和小拇指在下,中指在中间,寓意为"天地人"。而筷子的合二为一,也是中国古典哲学的核心思想。一双小小的筷子代表着中国古人对天地与世界的理解,传承着中国文化。

随着中国古代文化的传播,筷子传到了日本、韩国、越南等地。日本还把每年的8月4日定为"筷子节",赋予筷子新的文化理解。

统计发现,越早使用筷子进餐的孩子,其智商和动手能力均优于其他的孩子。在日本,学习使用筷子已经成为了一种幼教措施。

首先,使用筷子时,不仅需要5根手指用力和协调,还需要腕部、肘部和肩部的关节以及相关肌肉协调运动,一个小小的夹菜动作牵动30多处大小关节和50块肌肉的联合运动,这是复杂而精细的运动,对整个上臂到手指的灵活性和协调性都是很精准的锻炼。每天的这种锻炼可以长期刺激大脑的相应功能和区域的发展,对孩子的大脑发育有非常好的促进作用。

其次,使用筷子时,从看到食物并把食物夹起来,再精准地送到嘴里,是一个连续的多感官配合的活动,从对视觉的锻炼,到手眼协调,再到对空间位置的判断,都需要长期的锻炼才可以很好地协调配合。这对大脑的控制能力起到了很好的促进作用。

再者,食物的形状和性质多种多样,像豆腐、鹌鹑蛋这样完全不同的类型,需要启动触觉的感知能力、手眼协调,以及执筷手部肌肉关节等方面精密配合,控制好力度和平衡,才能完成夹起食物的动作。在长期的多感官配合中,可以有效提高孩子的感知能力和具体的思维能力。

筷子真是个神奇的东西,这种生活中不起眼的小工具,不仅给生活带来方便,还传承了文化,更反哺了人类的智能发展。

一般地,孩子两三岁时,就想模仿大人用筷子吃饭了。既然孩子有使用筷子的要求,家长就可以因势利导,让他学习用筷子进餐了。初学时,选择适合孩子的筷子,先让他夹一些较大的、容易夹起的食物。家长需要耐心等他自己慢慢尝试，慢慢练习，即使总是掉下来，吃得很慢，也不要急着帮忙或代劳，要鼓励孩子自己完成。

我家孩子小的时候，我也并没有太在意孩子是用筷子还是用勺子吃饭，只要他能自己吃饭就很好。妹妹3岁进入幼儿园，幼儿园里要求必须使用筷子。我有些担心地问她："你能用筷子吃到饭吗？"她不以为然地说："我用筷子刨啊！怎么吃不到呢？"到了5岁的时候，她就能得心应手地使用筷子了。上小学后，我发现，妹妹虽然识字速度很慢，但书写很好，在班级里属于字写得比较好的孩子。

很庆幸也很感谢从事幼教的老师们，她们对孩子的认识和理解，对孩子的耐心与肯定，弥补了我在教养方面的不足，她们对待孩子既专业又有爱心，帮助孩子良好地完成走入社会的第一步。

◆ 汉字与书法

再来说说心理学教授提到的汉字。与字母类文字的学习不同，汉字的学习主要来自视觉信息的吸收，有独特的音、形、意的特征，认读汉字需要大脑两半球同时工作。而字母拼音类文字主要是音码，通过声音学习，只在大脑左半球发生作用。汉字的学习可以刺激到更多的大脑区域，是全脑开发的好工具。这也是中国人和日本人患失语症的人数远远少于欧美国家的原因。

1982年，心理学家查德·林在著名的科学杂志《自然》上发表文章称：他对英国、美国、法国、德国和日本五国的儿童进行智商测试，发现英国、美国、法国、德国四国儿童的智商平均为100，而日本儿童的智商平均为110，原因是日本的孩子学习汉字。这个研究结论在世界上引起巨大反响。日本科学家研究表明，如果日本的孩子小时候不学习汉字，其智商水平与欧美的类似，平均是100；但学习汉字后，情况就不同了，他们的平均智商水平可以达到110以上。

说到汉字，就一定要说一说书法这门历史悠久的文化艺术。练习书法，尤其是软笔书法，不仅可以陶冶情操，还可以健身益智。写一手好字，是我们每一个中国人引以为傲的事。

首先，书法并不是简单地书写，而是一门学问，一种艺术。练习书法需要去体会这种来自文字的美感、笔画、技法和内在规律，涉及哲学、美学和历史等文化韵味。

其次，书法有益健康，是健身的一种方式。在练习书法时，就像在练习气功，需"凝神聚气，力送毫端，注于纸上"。中国自古就有通过练习书法养心愈疾、延年益寿的传统。

再次，练习书法有助于开发智能，提高协调能力。这就是本章的主旨——精细运动锻炼对于大脑的锻炼作用。书法，尤其是软笔书法，对握笔的手指控制能力要求很高，对触觉发育有很好的锻炼。手指肌肉配合，手眼的协调能力，都得到了良好的锻炼。练字的过程，就像一个生动的动力系统，全神贯注，调动脑、眼、手，以及身体的协调配合，写好每一个字、每一句话。这对于孩子的观察力、记忆力和想象力都是一种锻炼。

最后要说的是，孩子在练习书法的过程中，能力得到全面的提高，包括思考问题和处理问题的方法、视角和境界都会有所提升。

长期坚持练习书法，是对一个人心性的磨炼。磨炼孩子的意志力，提升孩子的专注力、耐心和静心。培养孩子练习书法并不是一件容易的事儿，这不是每周一次的书法课就可以完成的培养，需要坚持，需要孩子对每一次书写都能学以致用。第一，家长应以身作则，可以在家准备一块专门练习书法的地方，随时写上几笔，这对孩子有潜移默化的作用；第二，给孩子挑选合适的字帖，循序渐进地练习，还要鼓励孩子坚持；第三，练习书法是练习心性、调节情绪，因此，家长不要催促孩子，更不要不停地责骂和唠叨孩子，否则适得其反。

毛笔与筷子都是我国有代表性的传统文化，它们不仅仅传承文化，还为大脑机能的锻炼提供了更多更好的机会。

编织，传统的生活和艺术原来也是益智活动

编织，可以说是技能，也可以说是一种艺术，是一种遍布全世界的古老艺术。就像蜘蛛织网、小鸟筑巢，编织的起源似乎更早。

原始社会，人类用植物的藤做成绳子来捆绑物品，通过给绳子打结的方式来记事。渐渐地，人类会把植物的皮搓成坚韧的绳子并制成网或篮子等工具，还会通过添加树叶或羽毛等，编织出衣物、家居用品或艺术品。编织物成了生活的一部分，也成了基本的生活技能。

手工作品记录着人类文明的发展，作品越精致，投入的智力也就越多。手工技巧的进步与心理的变化是同步的。

随着社会的发展，编织成了工业化、产业化的一部分，随时随处都可以买到的生活物品，无须自己动手制作了，这种基本的生活技能似乎离我们越来越远了。其实编织对于我们的身心有很多好处，尤其是对正在成长中的孩子来说，对身、心和脑的发育和发展都意义非凡。

◆ 从身体运动来看，编织可以促进运动能力提升和健康成长

编织是整个上肢的运动，从双手的精细动作能力，到两侧上肢的伸展与力量都可以得到锻炼，促进运动能力提升，从而促进全身的健康发育和成长。

编织活动主要靠手来完成，在反复的编织过程中，孩子的小手不停地运动，手指不断地重复着穿、绕、拉、编、织等动作，手部肌肉得到了反复的运动训练。在训练中，孩子的小手在保持力量适中和均衡的情况下，越来越灵活，做出来的东西也越来越精致。众多实践表明，会编织的孩子在使用小工具、处理细小物品、修补物品的能力更强，动作更灵敏，且精细度更高。

编织活动能促进上肢各关节的灵活运动，提高动作的协调性。像织网或编篮子或编筐这样的活动，需要上肢甚至全身的运动配合，如手臂反复地伸拉、穿梭，头部也要反复地低下、仰起，这对于上身各个部位的关节和相应的肌肉都是很好

的锻炼。在编织的过程中反复运动，使编织更熟练，动作更灵活、更协调。

同时，编织活动中，绳子在十指间不断地穿拉、打结、缠绕，相关的触觉可以得到反复的刺激。从中医的角度上来说，手部有丰富的穴位，这些精细而有力的摩擦刺激，可以有效地按摩到孩子的经络，有利于孩子全身经络的发育、发展和通畅。

◆ **从大脑发育来看，编织可以有效地促进脑部发育**

编织是一种比较精细的技能活动，它需要左右手灵活地配合。我们知道，手指上有丰富的神经，直接连接着大脑，因此，双手的感觉在大脑中的占比很大。双手的感觉激发和运动能力的锻炼，对孩子的大脑是非常有效的刺激作用。

编织中的手眼配合、绳子之间的空间关系，手对于绳子的控制能力，绳索的分布与排列，都是对大脑各个部分的相关机能进行反复的训练过程。在这些过程中，可以训练到我们的语言能力、记忆能力、逻辑关系能力和排列分类等思维能力。编织作为艺术创造来说，还可以培养脑的空间形象记忆、身体协调、艺术感受、想象、灵感等思维能力。

大多数人不是右利手就是左利手，总是习惯以一只手为主来做各种事情。而编织每时每刻都需要左、右两只手同时运动，相互配合。我们知道，控制左手运动的是右半脑，控制右手运动的是左半脑。双手手指的配合运动激发了左、右脑的同时工作，让孩子的左、右半脑同时得到了锻炼，有效地促进了全脑的均衡发展，开发出孩子更多的潜能。

◆ **从性格培养来说，编织有利于形成良好的个性特征**

编织是一种细致、延续时间长的活动。在这个过程中，需要安静下来、不急不躁、专心地进行。而编织在细节上又是复杂多变的，如果编织时不专心、不细心，就会出错，就会影响到作品的质量。编织中拉伸力度不均匀，也会出现不平整的状况，甚至可能无法进行下一步编织。为了避免这些情况的发生，孩子需要耐心地、专注地编织，不受外界打扰，认真编好每一步，还会反复观察已经编好的部分效果如何，是否编错了等。孩子在不断的观察、调整和操作中逐渐形成耐心和专注的个性特征。这个过程还帮助孩子形成局部和整体关系的认知能力，知道了局部对整体的影响，明白每一步都需要认真做好，才能达到整体良好的效果。

编织可以锻炼孩子的毅力。如果要编织一块桌布或一个篮子时，对孩子来说真是一个大工程啊！这可不是一两天就能完成的，他可能需要一周或者更长的时间有计划并按进度地完成这件作品。在这个过程中，需要不断地鼓励他坚持下来，直到作品完成为止。当孩子看见自己努力了那么久才完成的作品时，就会懂得只有坚持到最后才能感受到成功的喜悦。

之前带孩子参加过一个夏令营，其中有个活动就是编织。从采摘编织材料、处理材料到编织成篮，全程都是老师带着孩子们一起做的。忙碌了两天，当孩子们把编好的篮子拿给家长的时候，这份欣喜和自豪传递给了在场的每一个人。直到夏令营结束，准备返回的时候，孩子还念念不忘地叮嘱我，一定要记得把他自己编的那个篮子带回家。

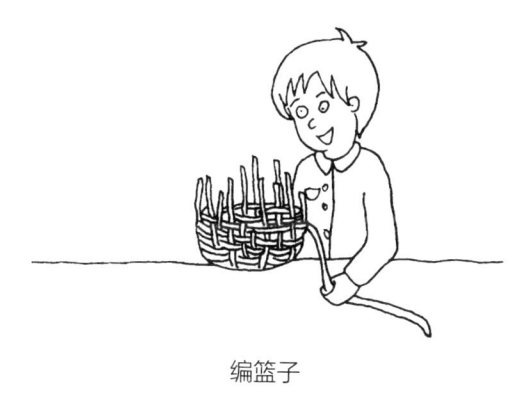

编篮子

◆ 从心理健康来说，编织有利于形成健康的心理

在人的心理发展过程中，童年是最重要的一个时段，这个时段形成的心理状态和思维模式，会影响他一生的发展。编织活动有利于帮助孩子建立健康、乐观的心理状态。

编织是生活技能，是技术，同时也是艺术。丰富的材料、丰富的色彩，孩子看了就喜欢，就想用。从编织一开始，孩子就在心里设计了作品，带着期待和愉悦的心情进行编织。正是这种工作时愉悦的心情和快乐的情绪，有益于孩子身心健康地成长。在这个过程中，孩子的心情很容易平静下来，不被外界打扰。编织作品完成，孩子会觉得自己有能力参与生活劳动，为家庭或集体出了一份力，从而生发出一份自豪感。漂亮的编织作品也让人爱不释手，孩子会获得成功感，因此会更加自信。

一件编织作品，经过设计、计划和长时间的工作才完成，有利于培养孩子**延时满足**的能力。有实验表明，有延时满足能力的孩子比总是需要及时满足的孩子未来可能获得更大的成就。

现在，你还觉得编织只是女孩儿的事儿吗？

2020年的东京奥运会上，获得男子双人10米跳台金牌的英国运动员戴利因为在看台上织毛衣火遍全网。戴利用温暖又有些呆萌的编织状态击中大家柔软的神经，火速出圈。

还有一次，在陪孩子的冬令营里，老师带着家长们一起学习编织，体验孩子在课上学习的内容。在家长们编织的过程中，一个爸爸特别出色，编织得又快又平整，配色的运用也很好。他说，他从小就会帮家里人干活，这些编织的事儿是常有的，他还给大家描绘了一幅与长辈一起编织干活的家庭场景，和谐又温馨。

在这次冬令营里，小朋友在教室里，家长们在茶室里，都跟老师学习了编织来自墨西哥民间手工工艺"天使之眼"，这是一种寓意美好的装饰品，先用木棍做成支架，然后用不同颜色的彩线有规律地缠绕。我家小朋友迷上了这种手指的活动，他编完一个又一个，不同的大小，不同的配色。他把在儿童课堂上剩下的线团都用完了，又跑到家长的茶室里寻找材料。他一边念着"绕啊绕，绕啊绕……"，一边寻寻觅觅，一天内编了大大小小十几个"天使之眼"。从冬令营返回家以后，还是继续寻找材料，编出各式各样的"天使之眼"送给妹妹、奶奶和好朋友。

另外，像这样的编织活动对有些人来说也是一种需求。我有时候也有这样的需求——在思考遇到阻碍的时候，或是感觉外界传来的内容有些枯燥，或是心里有些紧张的时候，就很想活动活动手。此时，我一般会选择画彩铅画，不断重复的动作和往复的线条，让人感觉思绪会稳定下来，心理也会变得更加安然。

做家务、做饭菜，远远胜过课外班

稍作留意，就会发现，有些孩子特别能干，洗衣做饭、打扫清洁都不在话下，即便是独自生活，房间也会保持干净整洁，生活富有条理。这样的孩子周围总是有不少的朋友，他们的状态也大多是积极且阳光的。相反，有些孩子在家里"衣来伸手，饭来张口"，一旦离开父母，他们的生活很快就陷入混乱。

显然，这与他们是否参与家务劳动有很大的关系。

现在很多教育家都在呼吁让孩子做家务，不少学校也把家务劳动列为家庭作业的一部分。家长可不要小看了家务劳动，这可是影响孩子未来的能力。

◆ 孩子做家务需要家长重视，从小培养

很多家长觉得让孩子做家务太麻烦，不如自己做，又快又好；而独立生活能力也不需要特别培养，等他长大了、独立了，这些事儿自然而然就会做了。其实，**培养孩子做家务，分担家务劳动，不仅可以培养孩子独立生活的能力，还可以培养孩子良好的品格，提高孩子的学习能力、启发孩子的生活智慧。同时，这些劳动也是促进大脑发育和发展的运动，可以帮助孩子养成良好的心理素质。**

首先，培养孩子做家务，可以培养孩子的责任感和独立的生活能力。

家是生活休息的地方，是心灵的归属地。家里干净整洁，温馨漂亮，在这样的环境里，心情也会跟着好起来。每个人都有责任保持家里的良好环境，培养孩子做家务就是**培养孩子的责任感**。孩子从小做力所能及的家务事，就会在不断地实践中逐步认识到自己是家庭的一员，应该而且必须完成一份家务劳动，为家庭集体承担一份责任，从而逐步形成一种家庭责任感。这种家庭责任感，便是今后

社会责任感的基础。

让孩子参与家务劳动，既可以培养孩子的生活技能，还可以**养成孩子勤劳的作风和善于解决生活问题的能力**，使孩子在集体生活中更受欢迎。试问，谁会喜欢懒惰笨拙的人呢？

让孩子做家务，可以很好地**培养孩子的独立生活能力**。现代的社会中，有太多的人即使成年了也无法独立，"巨婴"比比皆是。一个人的独立生活能力越强，掌握的生活技能就越多，自然会对生活充满自信心。这样的人适应环境的能力也很强，能够从容面对生活中各种困难。我们希望孩子学习好，是希望他走入社会以后更有竞争力，这与独立生活能力是相辅相成的。孩子的幸福生活应该是建立在独立的基础之上的，没有哪个家长希望自己孩子三十多岁依然"啃老"。

其次，培养孩子做家务，可以强身益智。

很多家务都是有氧运动，打扫、整理，可以锻炼到身体不同部位，强身健体。家务还是个细致活儿，大小肌肉的配合，手眼协调以及身体的平衡稳定能力都可以训练到。同时，家务中的条理安排，如打扫的顺序是有讲究的，做饭菜更是需要合理地安排时间和顺序，这对于培养孩子的**计划能力和时间管理能力**，以及学习的**条理性**都有很好的帮助。

一位成功的企业家在接受采访时说，他同家人刚到美国的时候，母亲做房产经纪人，小时候他总是要与两个哥哥一起分担整理二手房的工作，只有完成这些工作以后才能玩游戏。而且，妈妈说，他们三个是一个整体，必须是所有的工作完成后才能玩游戏。在这些工作中，他学会了团队合作，学会了合理地计划并分配工作和时间，因为只有这样他们才能有更多的时间玩游戏。

最后，说说做家务对培养孩子健康心理的作用。

做家务是很多琐碎细致的活儿，需要耐心和细心才能做好。像整理自己的玩具，把地扫干净，给花草浇浇水，或是洗洗自己的内衣和小袜子，这些活动可以让孩子沉下心来，养成良好的心态。同时，做家务是一种安静的锻炼，也是一种很好的休息方式，缓解学习和工作的压力。现在很多成年人频繁地换工作，每份工作都坚持不到半年，多数是因为大事做不了，小事不愿意做，出现眼高手低的情况。从前在家里，父母常常觉得孩子优秀，以后是做大事的。为了让孩子专心学习，就不会让孩子做哪怕一点点家务，但是"一屋不扫，何以扫天下"？

◆ 现在来说说做饭菜，这是我最想说的事儿了

热爱美食的人大多是热爱生活的人。能做一手好菜，就是拥有最治愈的能力。

曾经看过这样一个小故事。一个女孩与单亲爸爸一起生活，爸爸是个快递员，从女孩上学以后，爸爸就把做晚饭的工作交给了她，每晚吃饭的时候还会认真地对饭菜进行点评。女孩觉得很辛苦、很委屈。爸爸说："别人家的孩子都在上兴趣班，爸爸没有太多的钱和时间送你去上兴趣班，这就是我给你的兴趣班。"到了中学的时候，女孩儿就可以做一手好菜了。因此，她可以招待朋友，还可以与邻里有更多的交流，这让她更加自信起来。直到她大学毕业，走入社会，才发现自己拥有这项特长是多么幸运！

当然，做一手好菜对成年人来说都是有难度的，更不要说是孩子了，但让孩子在独立之前，能有一两道拿手菜，能做四菜一汤也是个不错的选择。

心情好的时候，做一顿美食来犒劳一下自己；心情不好的时候，做一顿美食来安慰一下自己。"唐宋八大家"之一的苏轼，无论政治生涯怎样起起落落，都挡不住他一颗"吃货"的心，他的美食故事与他的诗词文章一样千古流传，他乐观与豁达的人生态度激励了无数人。

◆ 揉面，做面食，是个有趣又有益的事儿

在我们家，除了打扫和清洗等家务，揉面的事儿也交给了孩子。最开始，孩子喜欢吃煎的薄饼，我就教孩子做，从准备食材开始，一直到做出煎饼成品，训练他独立完成。因为是使用电饼铛做，比较好控制，他还没有上小学就可以独立做了。做完还需要整理和打扫，因为这是整个工作的一部分。

上学以后，我发现他的书写有问题，考虑到他的上肢能力偏弱，就开始鼓励他揉面做馒头。揉面对于孩子来说是一项不错的运动，也是一项可以提高感统能力的训练。

从运动的方面来说，揉面是非常好的上肢运动，每根手指、手掌上的所有位置都得到接触式的运动，虽然接触点在手和腕，但发力点往往是肩背部和腰部的肌肉，一系列的动作让上肢联动起来。反复用力地揉面，可以增加上肢力量。

从大脑发育来说，揉面是很好的触觉启发活动，面团的软硬、揉面的时间长短等直接影响成品的外观、口感和味道，所以孩子由开始的有趣变成一种责任和努力，最后到看到成品的欣喜，这都是对孩子大脑很好的营养和鼓励。另外，手指、手腕和手臂有力量的联动训练可以提高对精细运动的控制能力，对孩子的书写很有帮助。

一到周末，两个孩子就给大家置办面食。经常是哥哥和妹妹各做一份，哥哥揉一个大的面团，妹妹揉一个小的面团，他们还会开动脑筋，用形状和材料的变化来增加创意。有时候，他们还会用自己做的面食来招待客人，每次拿出他们的作品时，孩子们都很开心和自豪！

在培养孩子做家务、做面食的过程中，家长要把心打开，情绪放平缓。孩子是有个性有创造力的人，但他们的小手并不一定那么听使唤，所以，有时会把食材弄得到处都是，做出来的东西也实在无法恭维；有时也会做出充满想象和童趣的成品。只要他们愿意做，就尽量让他们自己动手；只有经过体验和实践，才能有真正的学习和收获。

妹妹每次吃到好吃的东西，总是要问我是怎么做出来的，或者她搬个小凳子，站一边看。每次看了几遍，她就宣称自己学会了。我告诉她，一定要亲自动手做出来，才算是学会；否则，即使你把整个制作流程背得滚瓜烂熟也不能算是会做。

生活的经历给到我们的是书本上无法给予的切身体验。这些体验可能是做馒头的面与做饺子皮儿的面完全不同的触觉体验，也可能是切黄瓜和切茄子的用刀技巧差别、热油和冷油与食物接触时发出的不同声音、锅的厚薄对火力的不同要求。家务劳动中，有最基础的生活体验和知识运用。也可以说，我们科技的发展和文明的进步来源于生活，也服务于生活。

多种多样的手部精细运动训练和游戏

精细动作能力发展依赖于良好的大动作能力。锻炼精细动作首先是要孩子回到运动场上，多参加运动，再配合一些专门的精细动作游戏，来促进相关能力的提高。

对于幼龄孩子，能促进他们手部肌肉生长的游戏，可以是搭积木，把积木堆高，看看可以堆多高。玩完积木，还要带领孩子把不同形状的积木通过不同形状的孔塞进收纳盒里。

对于2~4岁的孩子，我们可以教他们玩摆牙签的游戏。先把牙签的尖头剪掉，带着孩子把牙签摆成不同形状，然后再把牙签通过小洞，插回牙签筒里。还可以带着孩子玩给"彩笔戴帽子"的游戏，家长先把彩笔的笔帽拔下来，插到不同颜色的彩笔上，然后让孩子重新给彩笔配上合适的帽子。

我家妹妹因为眼睛的问题，我一直带着她玩手眼协调的小游戏，先是练习穿珠子，大一点以后又练习穿针，帮助她促进视觉发育，尤其是针对发育缓慢的那只眼睛的单独训练。

小齐比妹妹大4岁，也有眼睛发育不平衡的问题。他刚上小学的时候练习弹力球的游戏，锻炼手眼协调。选一个有一定重量的弹性比较好的球，如网球，打到墙上回弹，然后接住，这个练习变化的种类很多，可以打在墙上，也可以打在地上，弹起来接住，还可以打在其他斜面上，不同的材质产生的弹力效果不同，孩子可以自己练习体会。

◆ 训练精细动作的游戏

下面介绍几款传统的小游戏，帮助训练孩子的精细动作发展。

沙 包

很多人都玩过沙包，现在不少幼儿园也会带孩子玩沙包的游戏。

先来带着孩子一起做个沙包。缝一个布袋，在里面填上荞麦壳或是黄豆、沙子，然后封上口，只要不漏就成了。在做的过程中教孩子使用针线，带孩子学着缝出细密的针脚，这样才不容易漏出里面的填充物。当然，还可以做一个精致的立方体布袋，这个过程，孩子可以学到更多的内容。缝好就可以玩了。

沙包就像个软软的球，又比球更容易掌握。沙包可大可小，大的可以让孩子双手拿起，小的方便孩子一手抓住；沙包可轻可重，轻的方便孩子单手抛接，重的可以作为重力沙包来锻炼。

打沙包的游戏，我小时候很喜欢玩，三个人以上才可以玩，固定距离的两边各站一个人，用沙包打中间的人，中间的孩子跑来跑去，可以躲避沙包，也可以尝试着去接沙包，接到沙包就可以得分，被沙包打到就减分，如果没有分可减，就会被淘汰，或者直接与打沙包的人对调位置。这是很棒的有氧运动游戏。就像前面提到的球类运动一样，沙包可以从多个方面锻炼孩子的身体，促进大脑发育。

扔沙包抓"子儿"游戏

用沙包来玩"抓子儿"的游戏，这个游戏已经有几百年的历史了。玩的时候，把沙包向上扔，在沙包离手的空档抓到"子儿"，然后再接住落下来的沙包。从抓到一个"子儿"，再到抓两个"子儿"，依次增多，难度也越来越大，有时为了同时抓住几个"子儿"，还会增加一个聚拢的步骤，也就是把沙包扔上去，赶紧把要抓的几个"子儿"聚拢到一起，下次扔沙包的时候就可以同时抓住几个"子儿"。这个游戏很考验手眼协调能力，还特别容易让人找到成就感。

手眼协调能力，对于大脑功能正处于成长发育过程中的儿童非常重要。手眼协调可不是一个简单的过程，这需要大脑皮层上枕叶位置负责视觉的区域与额叶运动区支配手的区域密切合作，同时，需要快速判断沙包的下落时间和落点以及"子儿"的数量和位置，迅速地完成扔、抓、接的动作，这些都是很短的时间内一气呵成的。在反复的游戏中，大脑这些活动区域间的突触连接就会越来越密集，越来越复杂。人的手眼协调、空间机能和判断能力都得到了有效的提高。

翻　绳

从20世纪50年代到80年代，一个小孩子如果能够找到一根好绳，足可以拿来炫耀半天。天天揣在兜里，一有时间就可以即时性地娱乐一番。简简单单一条小绳，在一双小手上来回翻变，变成一个个美好的图案，充满了想象力。也可以是两个人的游戏，你一下我一下，绳子变化起来，翻转成各种有趣的图案。

翻绳游戏看着简单，却有着意想不到的好处。第一，翻绳游戏依靠手指来操作，每一个花样、每个步骤都需要手指完成撑、压、挑、翻、勾、放等一系列的精细动作。而且，需要左右手配合，精确到每根手指巧妙分工。无论是手指、手腕，还是双侧肢体的灵活性、精确性和实际操作能力，都能得到不同程度的锻炼。第二，翻绳游戏每一套动作都是有顺序、有套路的，慢慢学会这些套路，让孩子在有趣又美好的游戏中建立自信心，提高自制能力。第三，翻绳游戏最常见的玩法是两人轮流翻，每次翻变都能出现一个新的花样。孩子们合作翻绳，促进了孩子之间交往与合作的能力，在游戏中，两个人还需要相互协商、配合，并且相互鼓励，才能让翻绳游戏顺利进行。游戏成功，也会加深孩子间的友谊,产生积极愉快的情绪,让彼此共同分享胜利的喜悦。第四,翻绳游戏还可以训练孩子对空间的感知,是对数学的直观认识,开发孩子的形象记忆能力,还能引导孩子对事物变化的内在联系产生认知能力。

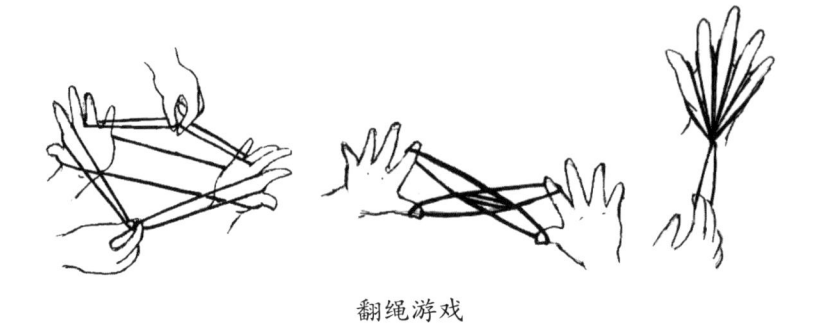

翻绳游戏

折 纸

折纸是一项古老的艺术。因其操作简便、经济实用,得到了广泛的流传。几张纸和一把剪刀就可以产生无数的变化,折出复杂的艺术品。

正方形、三角形、菱形、多边形和圆形……孩子的想象力在这些几何形状中自由飞翔,用一双巧手做出各种动物、植物、飞机、火箭等。这种实物与几何形状之间的联系自然地表现出来,帮助孩子在数理科学方面的学习开启了一扇门。在折纸的过程中,还会构建起平面与立体的关系,视觉空间的变化可以大大提高孩子的观察能力及空间想象能力。折纸是艺术,多种变化和组合的变通性更会启发孩子的创造力。

小骁是数学特长生,经常代表学校或城市去参加各种数学赛事。他从小学就表现出对数学的喜爱,同时,他最喜欢的课外活动就是折纸,折纸成了他放松自己的方式,相应地,也提高了他的数学能力,就好像抽象逻辑与具象事物在他这里得到了融合与统一。

折纸游戏

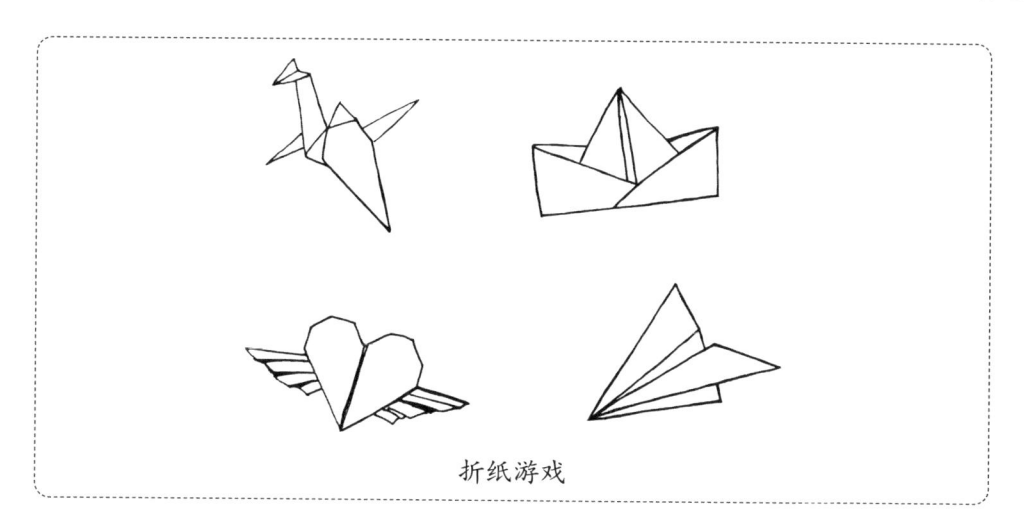

捏橡皮泥

橡皮泥是一种经典的玩具，小孩子都喜欢玩。捏橡皮泥可以锻炼孩子的动手能力，让孩子在发挥想象力的前提下，运用手部的技能，将橡皮泥塑造成不同的样式和形状，有利于培养孩子的创造力。家长可以陪孩子一同玩耍，也非常有利于家长和孩子进行沟通交流。橡皮泥的可塑性非常好，还能重复使用，孩子可以用橡皮泥制作出简单的作品，还可以随意发挥，做出复杂的作品。

在玩橡皮泥的过程中，孩子的内心会非常满足，这种接触式的柔软的触觉游戏能够让他拥有更多的安全感，更全面地锻炼空间认知能力。在很多早教中心，橡皮泥都是不可或缺的玩具。

由于一些不良厂家制作的橡皮泥不符合规范，使用的材料含有毒成分，所以很多家长为了孩子的安全和健康，往往会直接拒绝这种玩具。但是实际上橡皮泥给孩子带来的好处很多，家长与其拒绝，不如给孩子选择正规厂家生产的安全产品，同时，让孩子养成玩的过程中不吃零食，玩好以后及时洗手的好习惯。

记得小时候，我没有橡皮泥玩，一大块就地取材的黏土就可以让我玩上整整一个下午。直到现在回想起来，还能感受到午后的阳光下，捏着黏土时，内心总是满满的充实和愉悦。

下面再介绍几个材料容易获得的、孩子喜欢的小游戏，帮助孩子提高精细运动能力。

造型大师游戏

做造型是个有趣的活动，很适合3~5岁的孩子。首先，家长带着孩子一起，准备一些衣物、围巾、帽子、手套、手帕和一些小夹子，夹子是这个活动的重点，再准备一些彩色的纸，然后就可以让孩子开始玩了——给自己做造型，再给妈妈爸爸做造型。这个活动中，孩子占有主动权，他兴致勃勃，自由发挥。小夹子可以任意使用，对于孩子来说，使用夹子对于手部力量的加强、抓握的灵活度、定位的准确性都是不错的锻炼。做造型充满了想象力，对家长的控制也可以让孩子的内心获得巨大的满足感和自我肯定。

造型大师游戏

捏气泡

我们收到快递的时候，经常会见到用于保护物品的塑料气泡膜。这可是一个好玩具，小的气泡可以用手捏，发出"啪啪"的声响；大一点的气泡可以用脚踩，既可以穿着鞋子踩，也可以光脚踩（这要注意安全，容易滑倒），发出"砰砰"的声音。这对于手指和脚部的细小肌肉以及身体都是锻炼，平衡、合适的力度掌控。在"啪啪"和"砰砰"的声响里，还可以释放压力。

喷射游戏

夏天来了，小朋友们都喜欢玩水枪。这几年，我买过各种各样的水枪，经过尝试和对比，孩子最喜欢的水枪居然是给植物喷水的小喷壶！没有喷壶的时候，甚至直接用干净的矿泉水瓶，在瓶盖上扎几个小孔。现在介绍的这个游戏当然不是打水仗，而是用喷壶或是瓶盖上带孔的矿泉水瓶当工具，对着盆子里漂浮的乒乓球射击，把乒乓球推出容器，或是把乒乓球推到指定的位置，看谁赢得的乒乓球更多。

喷射游戏

喜欢玩水是孩子的天性，在这个活动中，孩子的双手不断地挤压瓶身或拉动喷壶的开关，瞄准在水中上下漂浮的目标。这对孩子的触觉、手眼协调和手部的功能都是锻炼。

当然，通过手指训练精细活动来促进大脑发育和发展的活动很多。练习用筷子夹豆子、夹弹珠，还有我们小时候喜欢玩的弹珠，都是有趣的训练。画画也是很好的手指控制活动和手眼协调的练习方法。我们发现，孩子只要有兴趣，小手很快就会锻炼得灵活起来了。

带着孩子一起做手指操

在幼儿园里，孩子会跟着老师学习儿歌，有一些儿歌就是设计来启发孩子的手指运动的。妹妹从幼儿园回来经常给我们表演她学到的儿歌，她一边唱，一边灵活地比画着手指。这些儿歌真的很有趣，非常有益。

五只小猴荡秋千，嘲笑鳄鱼被水淹，鳄鱼来了鳄鱼来了，嗷嗷嗷……

四只小猴荡秋千，嘲笑鳄鱼被水淹，鳄鱼来了鳄鱼来了，嗷嗷嗷……

……

一只小猴荡秋千，嘲笑鳄鱼被水淹，鳄鱼来了鳄鱼来了，嗷嗷嗷……

《鳄鱼来了》儿歌手指操

还有《切土豆》的儿歌

一起来切土豆,

土豆土豆土豆块,土豆土豆土豆片,

土豆土豆土豆丝,土豆土豆土豆丁,

土豆块、土豆片、土豆丝、土豆丁。

| 土豆块 | 土豆片 | 土豆丝 | 土豆丁 |

这个《切土豆》的手指游戏还有些难度,需要孩子认真地多加练习才不会出错。这首儿歌很好地训练了孩子双手的灵活度、配合度、手眼协调和专注力。

孩子入学后开始学写字,低年级的孩子练习书法,有经验的书法老师常常会在练习前,带孩子做做手指操。

下面,介绍一种手指操,爸爸妈妈可以陪着孩子练起来。

第一节:双手打开,十指伸展,两手的手指对应敲击,依次从大拇指对大拇指,食指对食指,……小拇指对小拇指,然后再返回来,从小拇指敲到大拇指。

双手手指对敲

第二节:双手手指依次敲击大拇指,左右手同时进行,分别用同手的食指、中指、无名指和小拇指来敲击大拇指,然后循环往复。

拇指依次敲击其余四指

第三节：双手手指交叉握拳再分开。先是左手大拇指在上，然后是右手的大拇指在上的交叉运动。

交叉握拳

第四节：双手握拳，手指依次伸开再收回，往复循环。

手指依次伸展

每节做两到四个来回。

练习手指操其实很方便，随时随地，想起来就可以做做，无论是大人还是孩子，都可以健脑益智。大人练起来还可以增进末梢血液循环。

儿童手指运动也可以很有趣，网上有很多配着儿歌的手指活动，学龄前儿童尤其喜欢配着儿歌活动手指，会很认真地跟着练习。传统的"石头、剪刀、布"的猜拳游戏也是很好的手指锻炼。

对于入学后的孩子，可以常常练习上面介绍的手指操，也可以跟小伙伴一起玩翻绳、抓子儿和折纸等传统小游戏。

相信大家都玩过妙趣横生的手影游戏，这也是一个相当有趣的亲子游戏。让孩子也尝试着用小手摆出孔雀、小狗、小兔子、天鹅、恐龙、老鹰等小动物的样子，一边学动物叫，调动起孩子的听、说等各种感官，提高手部肌肉群的发展，激发孩子的想象力。如果再配上小故事的话，一定会为孩子留下最美好的童年记忆。

手影游戏

口腔运动，不可忽视的精细运动

吃饭、说话也算是运动吗？在儿童运动发展中，口腔运动技能也有着重要的地位。口腔运动不仅包括吮吸、咀嚼、吞咽等进食活动，还包括声音的产生。这些技能是由上下颌骨、脸颊、唇、齿、舌、口腔底部肌群和腭等部位共同合作完成的。这些口腔运动技能不仅影响着孩子的饮食、健康和语言表达，还关联着孩子的口腔卫生、口腔发育、认知学习、面部表情、谈话控制等，影响着孩子的身体姿势、社交能力、对自我调节能力和运动意识。

口腔运动技能的提升有助于孩子吃各种固体食物、呼吸，在婴幼儿时期用嘴巴探索，完成最初的认知发展、能很好地抬起头，保持脸部位置，以及站立和坐的姿势笔直。口腔运动技能的提升让孩子可以良好地运用表情控制，语言表达，从而影响社交能力。提高口腔的控制能力，可以使孩子提高自我调节的能力，变得警觉，能够集中注意力组织自己的行为。

口腔运动技能发展不好的孩子常常有如下表现：挑食、吃饭磨蹭、吃饭的时候把饭菜弄得到处都是，总是张着嘴咀嚼食物，甚至一些年龄小的孩子会边吃边流口水，经常会出现被噎住或呕吐的现象；牙齿长得缓慢，容易出现龋齿和牙齿不整齐；说话吐字不清、发音不准确，无法清晰地表达自己；还可能表现出姿势控制能力差，总是显得没劲儿，不能灵活应对各种情境，也总是看不出别人的表情以及所表达的社交信号。我们发现，很多运动能力发展不好的孩子，口腔运动技能也发展得不好，同时双眼的视觉能力也往往不佳。

妹妹长了蛀牙，我带她去看牙医的时候碰到了豆豆妈妈。豆豆是个6岁的男孩，他的8颗乳磨牙都坏了。豆豆妈妈很焦虑，孩子每天都刷牙，饭后也会叮嘱他漱口，牙齿的问题怎么这么严重呢？经过交流才知道，豆豆吃饭很慢，咀嚼功能不太好，平时爱吃甜软的食物。小时候说话也比较晚，三四岁的时候，口齿也不太清晰。说起来，妹妹和豆豆有不少类似的情况。想让她吃点硬的东西练练牙齿，她都不肯，杏仁、玉米、甘蔗等一概不吃，三四岁的时候，连苹果都不吃。

口腔运动是精细运动的一种，当孩子的口腔运动技能不佳时，我们除了多带孩子到户外运动、为孩子提供合适的食物和引导孩子语言训练之外，还可以增加一些提高孩子口腔肌肉控制能力的游戏活动，并辅以感觉统合的活动，来帮助孩子促进口腔运动技能的发展。

◆ **呼和吸的活动**

吹羽毛、吹风车、吹喇叭、吹哨子、吹口琴和吹气球等，可以根据孩子的能力逐渐由小到大、由轻到重慢慢提升，还可以把这些训练融入到游戏中。

第五章　精细运动，让人类智慧一骑绝尘

　　送小动物回家：整理出一块宽阔无障碍物的干净地板，在地板的一边画一条线作为起始线，在地板的另一边准备一个盒子作为小动物的家，拿一些棉花球当小动物，用不同的颜色和记号来区分不同的动物，然后给每个孩子各发一支细一点儿的吸管。从起始线开始，用爬行的方式来把自己负责的几只小动物送回家，看谁先完成任务。

送小动物回家的游戏

　　孩子可以用吸管用力吹，把小动物吹回家，也可以用吸管吸住小动物，把它运回家，可以一只一只地运，也可以一次赶几只，送它们回家。这种吹和吸的活动不但可以锻炼到孩子的呼吸系统，还可以训练到孩子的嘴唇、舌头和脸颊，增强孩子的语言表达能力。爬行和追视可以同时训练到视觉和前庭，提高孩子的协调和平衡能力，以及身体的稳定性。如果是几个孩子一起玩这个游戏，还可以分成两队进行比赛，培养了孩子的社交能力和团队合作能力。

　　带着孩子一起玩吹泡泡比赛。这是个传统的玩法，我们小时候常常嚼泡泡糖，练习吹出大大的泡泡。可以让孩子也来学习吹泡泡，看谁吹得大（注：适合6岁以上的孩子）。吹泡泡时既可以让孩子练习口腔运动技能，同时也帮助孩子训练组织和专注能力，还能让孩子收获很多乐趣。

109

无论是对孩子还是对成人来说，深呼吸都是一个非常好的释放压力和坏情绪的办法。当孩子生气的时候，可以给他一个气球，让他吹起来，把坏心情吹进气球里去，然后到户外去玩拍打气球的游戏。

◆ 舌头的运动练习

让孩子用不同的方式吃小零食，如舔着吃、用舌头卷进去吃等，可以练习舌头的灵活能力。前面推荐的吹泡泡也是针对舌头能力的训练，还有吹口哨，这是口腔运动技能的高阶训练方式，可以从吹响开始，慢慢练习吹出曲调。

◆ 吮吸练习

用细一点的吸管喝浓稠的酸奶，或是用长一点又打着圈的吸管来喝水果泥。这种有阻力的吮吸动作可以提高相关肌肉的张力，改善口腔肌肉运动发展的作用，同时还能促进双眼的聚合，提高视觉能力。另外，吮吸可以让人感到平静。

◆ 咀嚼练习

根据年龄为孩子提供种类多样、各种口味和口感的食物，启发孩子的味觉和锻炼咀嚼能力。啃玉米、咬苹果、啃甘蔗，嚼杏仁，都能很好地锻炼孩子的口腔肌肉能力。现在的孩子总是吃制作精良的食物，玉米被剥下来做成沙拉，苹果被切成小块，甘蔗被榨成汁，连杏仁都被磨成了粉。孩子的口腔运动能力锻炼的机会越来越少了。咀嚼其实不仅是口腔肌肉锻炼，还可以锻炼到眼部肌肉，有利于视觉发育。

◆ 发音和语言能力的锻炼

孩子模拟声音的能力很强，不会受经验限制，听到什么声音就表现出什么声音。学习动物叫声也常常惟妙惟肖，谁说公鸡一定是"喔喔喔"地叫，小鸟是"叽叽喳喳"地唱呢？孩子模仿的声音出人意料，有趣又有神韵！

　　传统的相声演员往往会表现出强大的口腔运动技能，从说绕口令到模拟声音，再到直接做出音响效果。带着孩子一起听听相声，学几个绕口令，既有快乐，又有锻炼。另外，朗读是非常好的学习方式，这里就不赘述朗读的好处了。希望孩子能够多朗读，并且大声地朗读。

第六章　交叉运动，开启左右脑的融合之门

> 人的大脑由左半脑、右半脑组成，它们各自有着不同的功能，并控制着两边身体活动。儿童的运动发展中有一项特别的能力，那就是交叉运动，这对于大脑的融合能力有着极其重要的作用。

生命之初的原始反射中，踏步反射、脊髓戈蓝反射和两栖类反射就已经在为交叉爬行做准备了，当爬行开始的时候，孩子学会左腿右手臂与右腿左手臂的交替向前，形成左右对称的运动，左半脑与右半脑同时工作、配合，随着行走和骑行的运动发展，人类的左右对称运动能力越来越强。看似简单的运动中蕴含着意义非凡的作用。

这种左右对称运动的发展更进一步，就是跨越中线的交叉运动，这对孩子的脑发展来说是一个里程碑。这与两种以上运动交叉安排不同，是指对双侧大脑共同工作，融合左半脑与右半脑能力发展的双侧身体在中线区域的对称运动。这种运动促进了我们左半脑与右半脑的协调和沟通。

跨越中线，居然是儿童运动中的一个"坎儿"

孩子站起来行走后，开始建立自己的空间认识，身体上也开始产生适应这种直立状态中的平衡。在第三章讲过"立体的平衡，三维的脑，大脑发育与身体平

衡关系密切",人脑就像全息图,与身、心相连,形成一个整体。而三个平衡面,把身体的平衡分为左右平衡、前后平衡和上下平衡。我们把三个平衡面对于身体的分割线称为"中线",相应地,也就有了左右中线、上下中线和前后中线。在儿童运动中,跨越中线运动的发展是很重要的一项指标,灵活自如地跨越中线的运动让孩子有良好的整体感,相应地,在大脑各部分工作区域也会较好地连接,有良好的融合能力,尤其是左右中线的跨越。

上下平衡 　　　　前后平衡 　　　　左右平衡

◆ 跨越中线大多指跨越左右中线

大脑分为左半脑和右半脑,它们不仅在结构上有差异,在管理控制的脑机能方面也有着不同的分工——左半脑主要负责语言、阅读、书写等,还负责计算、逻辑推理等抽象的思维活动;右半脑主要负责外观的识别、空间定向、绘画、音乐等艺术、情绪、直觉、想象和形象思维等,因此我们常说左半脑代表理性,右半脑代表感性。

在实际研究中科学家发现,有的人右半脑受到损伤,空间定向能力受到了影响,也会影响到他的数学运算能力,虽然数学运算是左半脑负责的机能。其他能力也是如此,在现实生活中的各种活动并不是只靠一个脑半球就能完成的,而是两个脑半球的协同工作。虽然两个脑半球各有侧重,但是谁也不离开谁,需要配合,需要协作。

当运用右边身体时,左半脑是活跃的;而运用左边身体的时候,右半脑就会活跃起来。跨越中线的运动整合了双眼视觉能力、双耳的听觉能力和大脑与身体两侧的融合。

大约三四岁时，孩子进入运动发展的对称阶段。有些孩子可以很顺利地发展出跨越中线的能力，也就是在需要完成某个动作时，手、脚、眼等部位可以自主地跨过身体中线，到身体的对面一侧去完成，如穿袜子、穿鞋、玩球类运动等。也有些孩子会遇到明显的困难。例如，有些孩子走路时会顺拐，运动的时候左右不协调，或者无法走直线；画画或写字时，会把纸歪着摆，特别偏向他用来写字的那只手，或者歪着头作为代偿；有时需要画一条长线的时候，就会被卡住，这时，他会用右手画完右边一半，然后把笔换到左手来画左边的一半。

如果孩子有这些困难，又没有加以训练和纠正，那么在上学以后还会出现认知方面的困难。容易分不清镜像的图像，例如，他们会认为 b 和 d 是一样的；阅读时也总是跳行、落字。在实际咨询中，我们发现很多有阅读困难的孩子在跨越中线的运动中也是有问题的。

运动时加强跨越左右中线的训练有助于协调两侧身体的同步发展，协调大脑的均衡运用以及促进左右融合能力提升。

前面说过妹妹双眼发育不均衡，影响了她跨越中线能力的发展。我平时让她多练习左右手抛接沙包的游戏，就是训练眼睛跨越中线的能力，提高视觉的融合能力。进入小学以后，她的跨越中线的交叉爬行动作才能控制得好一些，而多数孩子在幼儿园的时候就可以掌握好这项运动了。一年级的时候，她经常理解不了小故事的意思，找不到主题，对数学应用题的题意理解也比较费力。但这并不影响她的观察能力和对别人情绪的理解，她常常可以注意到很多细节，表现出不错的情商。

经过一些运动方面的小练习，妹妹的视觉能力、理解能力均得到了提高，但并不稳定，还需要持续引导，需要长时间的阅读训练，需要更多这方面的训练。

◆ 跨越前后中线和跨越上下中线运动受到阻碍的原因

跨越前后中线和跨越上下中线运动受到阻碍，更多的原因是原始反射未完全整合的问题。前后中线的跨越能力常常表现在孩子的专注力上，不专注的孩子常被视为不留心、理解力弱、语言发育迟缓或多动。在运动能力方面，我们可以观察到：当孩子站立着向两侧转头时，一般不会超过90度，也就是前后中线位置，当他再往后看时，就需要转过身去；等孩子平衡能力掌握得好一些以后，如果跨越前后中线有阻碍，当他向后转头、眼睛或身体其他部位过前后中线时，就会有停顿，无法平滑自然地转身。

跨越上下中线的能力一般表现在孩子的情绪控制能力上。情绪与学习密切相关，它既像是记忆的一把钥匙，也像是燃起高度专注的一个燃点。如果回忆已经学过的知识，记忆得最为深刻的往往是那些引起我们情绪变化，或者是与我们的情绪极度相关的知识。比如，某次课堂上回答问题时自己十分窘迫，相信那个问题与回答你一定会记忆犹新；或者自己的一篇作文被老师怒赞，给你带来前所未有的自豪感，估计你现在还能背出里面的大部分内容。缺乏感觉和意义感，就不可能有真正的学习。而孩子的情绪不稳定，常有非理性的情绪反应，如无端的恐惧，是不利于孩子健康成长的。反应在身体上，我们会发现有些孩子上下身体活动还未分节，动左手手指时，左边脚趾也会不自觉地动起来。

◆ 促进跨越中线能力的训练

首先，在婴幼儿时期增加地板活动时间。也就是在孩子学会走路前，让他有充分的时间和自由来做各种运动，尤其是爬行，对孩子的跨越中线能力有很好的锻炼。

在第四章中说过，球类运动是人类伟大的发明。球类运动在帮助孩子训练跨越中线能力方面的作用，是非常高效的。在做交叉运动来促进融合时，需要动作精确而缓慢，不能太快，更不能太草率，动作虽然简单，但效果非常好。要说坚持练习，那么有趣的球类运动更容易坚持。在练习打球技术时，需要左、右侧均衡练习：若是打篮球、踢足球，可以左、右侧交替着练习，加强运球时的左、右交替进行的技术能力，投球或是大力射门的时候最好两侧都加强练习，尤其是提高非主力侧的力量和技术能力；若是打网球、羽毛球、乒乓球，可以增加反手球的练习。

如果把交叉类专项运动搬到用于练习平衡的器械上来做，比如在平衡器上做缓慢交叉爬行练习，不仅增加了难度，而且会让简单、枯燥的训练变得更有趣了，对于脚上的小肌肉也有很好的锻炼。

老师和家长带孩子做游戏和运动时，可以强调"过中线"的细节特色。例如，孩子玩用筷子夹豆的游戏锻炼精细动作时，把豆子放到孩子的左边，承装豆子的小桶放到孩子的右边，那么孩子在游戏中就增加了"跨越中线"能力的训练；或者放一个玩具在小孩子的右边，逗引孩子伸出右手去拿，然后慢慢把玩具向他身体左侧转移，那么孩子一般会继续使用右手，他用右手伸向左侧，甚至要扭动躯干才能拿到。这是不是很简单呢？

大脑也男女有别，差别教育的生理根源

说起左半脑和右半脑的沟通融合，就不得不提到连接左半脑、右半脑新皮质层的结构——胼胝体。胼胝体是巨大的神经纤维束，而男生和女生的胼胝体有明显的不同：女生胼胝体的后部是球状的，体积较大，男生的则呈小束状，体积较小。大脑新皮质层的后部是枕叶，视觉的管理主要是在这个部位，所以说，女生比男生更容易发现细节。

男生对空间思维能力发展较早，而女生对颜色形状则比较敏感。如果你问路，遇到男生，他可能说："向东50米，然后向南大概200米，再向西走两个路口就到了。"遇到这样的回答，你可能立刻晕了，很快就找不到方向了。要是女生，她会用地标和颜色来告诉你："往前走，看到麦当劳向右转，然后走过一个路口，看到家乐福超市后，在它旁边的路口向左转，在右手边的红砖教堂旁的白色建筑就是你要找的地方了。"所以问路的话，问女生会更容易理解，她们往往描述得更形象。

连接左半脑和右半脑的古皮质层的神经纤维结构——前连合，男女也不同。古皮质层是那些在进化过程中发育得更早的皮质，也是大脑边缘系统的一部分，

它与我们的本能行为和情绪活动相关。女生的前连合也比男生的大，包含的神经纤维更多。由此可见，女生在情感上比男生更细腻、更敏感，情绪活动更多。

男生生气的时候可以去打打球，这对于情绪的舒缓很有好处；而女生生气的时候可以去逛逛街，缤纷的色彩和形状对女生情绪的舒缓更有好处。

另外，男生与女生明显不同的大脑结构是颞叶，颞叶掌管着听觉和语言相关的功能。人们发现，口吃的患者中，男性占了大多数，而女性的口吃患者是比较少见的。女生的听力和语言能力更突出，吵架的时候，女生确实语言更流畅，反应更快，男生则更容易卡壳。

男生与女生的大脑有很多不同，男生在左半脑主导的逻辑思维、抽象思维能力比较强，在右半脑主导的空间机能优势也很明显，他们具有发达的右半脑，由此看来，男生在左半脑和右半脑的特化上是比较优秀的；而女生在两半脑的融合与沟通联系方面更突出，她们可能具有更优秀的观察能力、表达能力、共情能力和协调能力。

美国曾做过一个实验来监测大脑。这个实验大概监测了1700个孩子的大脑发育情况，监测时间从5岁持续到21岁，通过扫描大脑，发现男生与女生的大脑在同样的区块成熟的时间和成熟的次序也是不一样的。

欧美国家很多地方主张男女分校教育，认为这样更有利于因材施教。

◆ 针对这些不同，我们能做些什么呢

首先，需要理解孩子的不同，理解你家的小男孩醉心于他自己的游戏，讨厌跟你去商场，即使去了，也常常赖在一个地方不走了；也理解你家的小女孩总是能很快地发现你的情绪变化，和你一样喜欢琳琅满目的东西。

其次，可以根据他们的喜好和发展特点来切入引导学习。比如，男生喜欢实际有用的东西，那么教男孩子的时候，可以通过多让他自己动手的方式来引导他学习；女生听力好，喜欢故事，教女孩子的时候，可以通过听故事、修改故事的方式来引导她学习。要把创造力做成孩子容易理解又有趣的事。

然后，可以帮助孩子提高短板。比如，男孩语言发育相对较弱，那么可以在语言的培养方面多用点心，提高孩子的口头表达能力，也许他的写作能力并不差，但语言表达能力对他未来的发展很有帮助；女孩的空间机能发展滞后，可以让她玩搭积木、建房子的游戏，提高视觉和空间理解能力，为学习数学打好基础。

当然，最要紧的还是多带孩子运动，无论是强化孩子的优势，还是弥补孩子的劣势，运动都是不可或缺的。尤其是有氧和技巧相结合的运动，如球类运动、舞蹈等，这在提高大脑各部分配合及协调能力方面都很有帮助，是非常好的健脑方式。

交叉运动，全脑开发有技巧

儿童的交叉运动主要是双侧身体在中场的协调运动，增加跨越中线能力的运动。身体两侧随着运动会越来越协调，对于两侧大脑的协同工作，有着非常明显的帮助。连接两侧大脑的神经纤维从而得到强化和发展。

这里说的交叉运动是指身体四肢有交叉动作的运动，这些运动无论是对孩子，还是对成年人来说，都可以起到健身益智的作用。

◆ 交叉跳跃

亲子交叉跳，可以牵着孩子的小手一起跳。首先，地上画一条直线，或是摆放一根长绳，孩子和家长手牵着手，面对面，双脚分别站立在绳子两侧，然后开始交叉跳跃。可以先慢慢跳，然后逐渐加快速度，或是开着音乐，随着节奏一起跳跃。规则是不能碰到地上的绳子。

第六章 交叉运动，开启左右脑的融合之门

亲子交叉跳

这些动作看起来很容易，刚开始的时候，也不一定能掌握好平衡和节奏，可以先慢一点，等配合得比较好的时候，选择稳定的节奏来跳。经过一段时间的练习后，就能维持一定的时间，并坚持不跳错、不踩线。这个运动在亲子互动中锻炼了孩子双腿的灵活性、稳定性以及眼和脚的协调性。这样的运动还会刺激骨骼生长，促进孩子长高，提高运动的协调能力。

单人交叉跳时，还可以演变出其他动作，配着音乐中跳起来会更有趣。

◆ 交替肘触膝运动

交替肘触膝运动分为站立的交替肘触膝运动和垫上交替肘触膝运动。

站立的交替肘触膝运动：首先，让孩子自然站立，重心在身体的中线位置，双脚分开与肩同宽；然后，左臂弯曲手肘向下，右腿提起膝部向上，用左肘去碰触右膝，上半身向右扭转，然后放下；再同样用右肘去碰触左膝，身体向左扭转。如此交替往复运动。运动的速度不要太快，先是慢节奏地进行，注意膝部和肘部要接触到。当孩子可以准确地做到以后，可以逐渐加快速度，也可以保持慢速。

其实，慢比快难度更大。

站立交替肘触膝

　　站立交替肘触膝运动还可以演变出其他形式，如用左手拍右脚，右手拍左脚，在前面交叉拍，拍两个八拍，然后换到身后交叉拍，再拍两个八拍。

站立交替肘触膝演变

　　家长可以带着小朋友一起设计几个交叉运动的动作，组成一套交叉运动体操。依然是先慢速进行，保证动作的准确性，之后打开音乐，跟着节奏来跳操。

垫上的交替肘触膝运动：仰卧平躺在垫上，屈膝两脚分开与肩同宽踩在垫子上，开始运动时，双手轻轻放在左右耳侧，左膝弯曲提起，用右肘去碰触左膝，收紧腹部，上半身抬起配合上肢向左转动，右腿伸直不要接触地面；然后交替另一侧做同样的动作。在运动过程中，肩部和头部保持离开地面，收紧核心，手不能给头部助力，以免伤到颈部。以稳定和准确为标准，有节奏地进行。

垫上交替肘触膝

垫上交替肘触膝运动不仅可以训练双侧的运动协调，还可以增加核心力量。对于孩子来说，更容易把关注力集中到身体的核心位置，对于本体觉的启发作用更明显，这是其他运动难以触及的方面。

◆ **花样跳绳**

跳绳真是个好运动，每个小朋友都需要学会。跳绳不但可以锻炼到协调和平衡能力、增强体质、促进骨骼生长，还可以提高敏捷度、节奏感和耐力；若在跳绳的同时数数，则有助于让大脑保持兴奋，提高记忆能力和思维反应速度。在中医学中，足底反射区对应着全身的各个部位器官，血管分布密集，连通身体几大经络，是人体信息集中的地方。跳绳时，不断地用足底与地面撞击，刺激到足底反射区，有利于身体各方面的流通与健康。

要想把跳绳跳好，需要双脚均衡稳定地弹跳，也需要双手同时又均衡地用力。跳绳的关键在于双手的摇绳，很多孩子摇绳的时候，都是靠主力手来摇，另一只手往往不会发力，可以观察并提醒孩子均衡用力。

当孩子学会跳绳以后，就可以增加交叉跳绳了，双手交叉摇绳，跑跳的过程中也可以增加双手交叉摇绳的花样。不但增加了趣味性，还增加了运动中的跨越中线的动作。

单人花样跳绳　　　　　　双人花样跳绳

多人跳绳也很好。两人摇绳，中间的小朋友跳绳，或者是排着队跑进去跳，又跑出去。这个运动既有跨越中线的训练，还训练了孩子的勇气和果敢。集体运动更有相互配合的乐趣，可以培养孩子的空间认知和与别人合作的能力。

多人跳绳

跳绳运动发展得越来越丰富，孩子也可以观看一些跳绳比赛，学习跳绳的技巧，既增加了运动的乐趣与变化，也可以启发孩子创造出新的游戏方式。

◆ 踢毽子

踢毽子是个历史悠久的传统运动。我小的时候非常喜欢踢毽子，但这个运动没有像跳绳那样受到重视，现在很多孩子都不会踢。踢毽子是一种全身运动，运动量也并不大，老少皆宜，可以单人踢，也可以多人一起踢。踢毽子的时候，髋关节、膝关节、踝关节等以纵轴为中心摆动，带动远端关节的运动，可以全面地发展人的肢体尤其是下肢的协调性、灵活性，可以使肌肉、韧带及关节等身体组织变得更为柔韧有力。同时，这也是跨越中线的训练。踢毽子加强了眼和脚的协调控制能力，还提高了大脑中枢神经的判断控制能力。

◆ 跳皮筋

目前，跳皮筋已经不那么流行了，可能是因为这常常需要多个小朋友一起玩，而现在的孩子自由地在一起玩耍的机会越来越少。跳皮筋就像是交叉跳跃游戏的升级版，不同的花样跳法，每跳完一套就升一级，皮筋由低到高慢慢提升，难度也越来越大，对孩子的动作幅度和控制能力的锻炼也逐级提升。在游戏中大大提高了中场运动的能力。跳皮筋是以下肢活动为主的全身运动，是运动量比较大的有氧运动，少年儿童经常跳皮筋会让全身的肌肉均衡发展，结实有弹力。跳皮筋的花样很多，可以是单人跳、双人跳或多人跳，也可以是单纯地蹦跳，还可以是边唱边跳，锻炼了孩子的灵活性和协调性，提高人体新陈代谢的能力，提升神经系统的协调性、节奏感和反应能力。经常跳皮筋，可以促进孩子对动作的准确控制能力和本体感觉的发展。

跳皮筋

◆ **滚铁环**

在二十世纪六七十年代有一项风靡全国的小游戏——滚铁环。小朋友手捏着头部是U字形的铁棍或铁丝，推一个铁环向前跑。有的还在铁环上套两三个小环，滚动时发出响亮的声音。滚铁环是中线运动中强调控制整体平衡的运动，非常有益于提高孩子的平衡能力、肢体的协调能力以及追视等。在荷兰还有专门的滚铁环比赛。

滚铁环

现在就组织孩子们玩起来吧，很多传统的游戏都是游戏中的精粹啊！

线画，节律与重复完美结合，是艺术也是运动

何为线画呢？

这里说的线画既不是美术中的线稿，也不是线描，而是有秩序、有规律的线条画，像是那些古老的艺术，简单有韵律。在华德福的教育体系中，线画课是孩子上学前的准备。

自然界中充满了各种几何图形，斗转星移、花开花落，形成的线条或美丽多变，或规律简洁。重复的有规律的线条能唤起孩子内在的韵律与和谐，这样的画更像是有节奏的运动。

为孩子准备一张大一些的纸，或者直接用粉笔在黑板上画。首先在纸的左边画一个线条连贯的简单的图形，然后按照这个图形重复向右画下去，连续不间断的线条在笔下流淌，有规律地重复，长长地穿越过去。

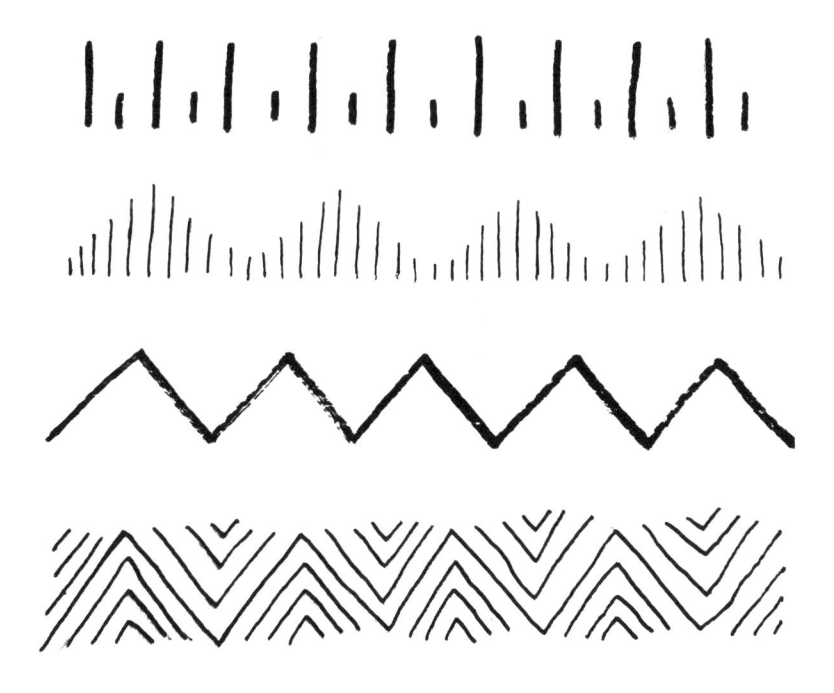

线画图样

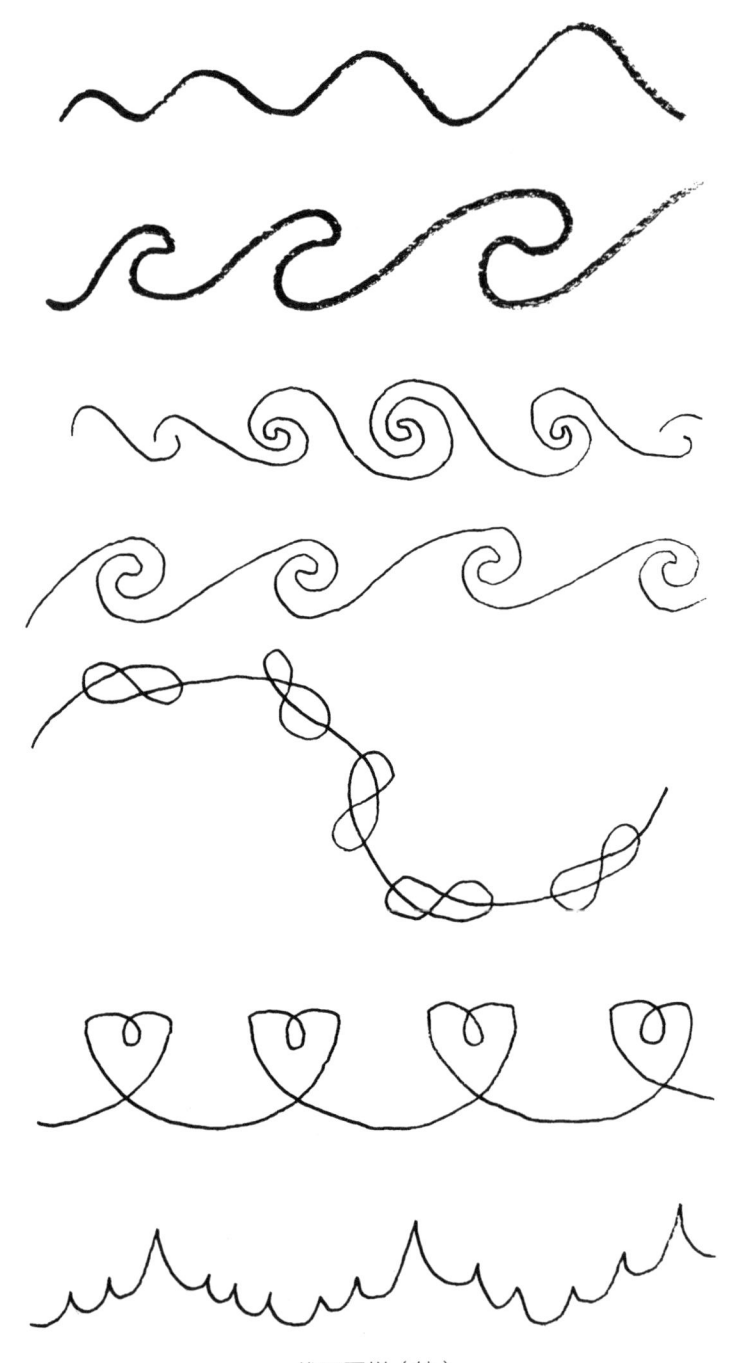

线画图样（续）

科学家对于大脑的研究表明，绘画能力是人类脑功能发展到相当程度的指征，它是继言语和社会活动之后，又一个代表了现代人的标志。绘画促进了人的眼、手和脑的协调能力，还促进了人的空间想象能力，训练了人对物体结构的认知和抽象能力，还可以提高人的想象能力以及创造力。

孩子徒手画线画，可以提高他的记忆能力和专注力。观察孩子，他在画线画的时候，往往凝神聚气，脸色红润。如前所述，画线画是一种运动，这个运动有节奏、有平衡、还有身体多处肌肉的配合。简单图形重复连续的绘画中，孩子用眼睛观察，动脑思考，控制手来徒手完成，会使他产生对"自我"的肯定。这些线有横线、竖线、波浪线，还有对称图形，对孩子的平衡感是很好的锻炼，同时可以提高他的空间感和韵律感，为进一步学习文字书写，以及为数学的规律和逻辑的理解打下基础。

◆ 在引导孩子画的线画中，有一种特殊的线画——画 8 字

观察孩子开始写字的状态，很多孩子不会写 8，有的是写上下两个 0，有的写成镜像的两个 3，这都是孩子无法跨越中线运动的表现。训练孩子画 8 字，就是一种反复的跨越中线的运动。我们来看怎么画线画的 8。

有两种画法，分别是从上往下画和从下往上画。

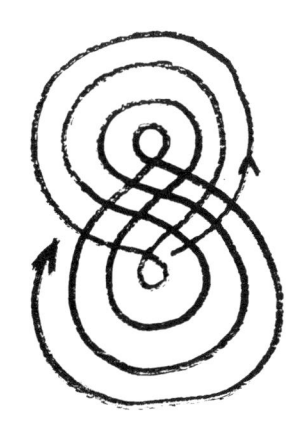

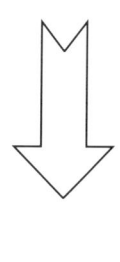

从上往下画 8 字

儿童运动开发训练手册

从上往下画8字（续）

从下往上画8字

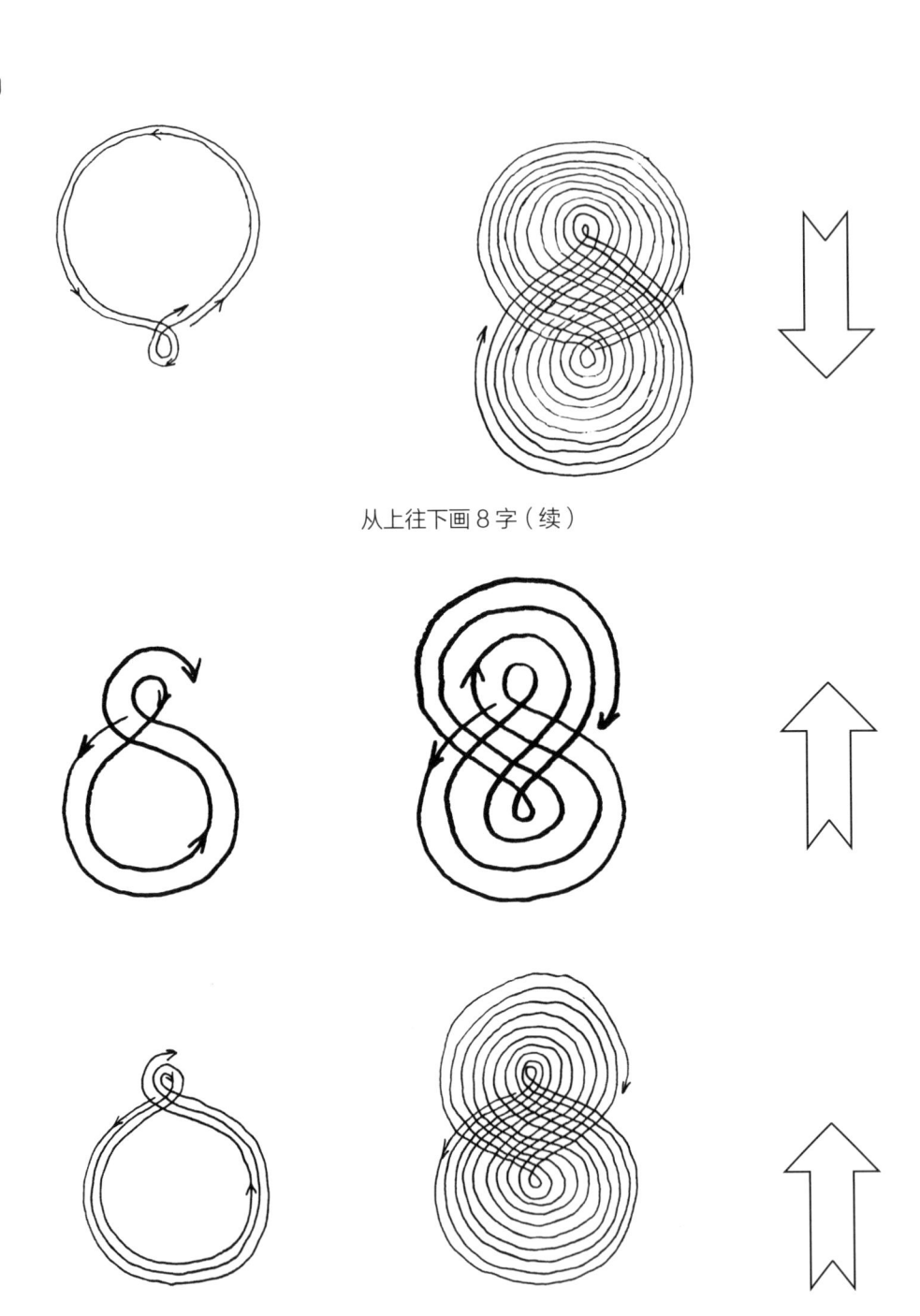

这有什么不同呢？

前文讲过上下平衡，从上往下画8字时，这个运动就好像把上面的能量穿过中线，向下搬运，适合那些爱动脑子、不爱运动的孩子；相反，从下往上画 8 字，有把能量向上搬运的意义，适合那些总是动个不停、大脑发育相对缓慢的孩子。总体来说，画 8 字是帮助孩子上下发展趋于平衡的过程。

这个过程对孩子来说并不容易，既需要徒手画，又需要连贯性，要持续专注才能画得好。刚开始的时候，可以用比较粗的蜡笔来画，画得简单些，线条和间隔都可以粗些，然后逐渐提高难度，画得更大、更细、更密集。

画线画可以帮助孩子逐渐进入抽象文字的学习和书写，还可以帮助孩子增加空间运动的掌控感。既然是运动，那么就不一定只限于用手画，还可以用脚画，或是用脚走出长长的线形。当然，还可以启发孩子，让他把自己当成画笔，发挥想象，在自由的空间画线画：用一只手来画、用双臂来画，或是用身体的任何部位来画，或者干脆全身律动并有规律地前进着画……用身体来体会节奏，体会韵律，掌握平衡。这个过程很有趣，是身、心、脑一起的律动。

在和孩子一起画线画的过程中，可以看到，孩子有更丰富的想象力，有更出彩的创造力，线画得色彩鲜艳，线条灵动；用身体运动着画时，会做出意想不到的姿势来画，极大地发挥了线画的作用。

第七章　感统失调，运动治愈各种"障碍"

> 孩子从胎儿期就开始不断地通过感觉系统学习和积累经验了。何为感觉统合？感觉统合障碍对智力发展的影响是什么？为什么现在越来越多的孩子出现感觉统合的问题？

年轻的家长带着孩子去早教机构，一般都会接触到一个新的词汇——"感觉统合障碍"或者"感统失调"。很多机构把孩子注意力差或是不良的行为习惯统统归咎于"感觉统合障碍"的问题，或者直接说孩子"感统失调"。

根据相关机构调查研究报告，我国儿童中约有 10%~30% 存在不同程度的感统失调。随着生活的都市化和家庭范围变得越来越小，孩子们的问题也就越来越多了。

这个问题看起来已经很严重了。但我们不能忽视孩子成长的节奏和个体差异性。进入幼儿园和小学后，很多孩子用自己的方式融入集体生活，但也有个别孩子遇到了困难，需要家长和老师的帮助。这是一个机会，既是孩子的机会也是家长的机会，为孩子提供帮助的时候就是改进和反思的过程，也是教育的过程。为孩子提供的帮助是从多方面进行的，包括身体方面、心理方面以及道德品质方面。家庭教育在婴幼儿一直到整个小学阶段都是最重要的，所以家长不要把问题交给老师，更不能以为把问题交给某个专业机构就行了。

感觉统合障碍，或者说感统失调，是个临床心理学概念，通常也叫作学习能力障碍。孩子的发育和发展是有序的，但也有个体差异，现在很多商业机构过分解读了这个概念。本书把这部分内容压缩在一章内讲解，一是想弱化很多人对它的夸大，二是家长也需要对此有一定的了解，这样可以更好地理解孩子，必要时给孩子一些指导和帮助。

感统失调，原来是我们误解了孩子

小齐是个好动的孩子，五六岁时常常因为与别的孩子打架而被"告状"；他自己也经常不小心撞到桌子、椅子，走路还容易摔跤；老师也说他上课时注意力不集中，很难安静地坐上10分钟。

每个孩子都有自己成长发育的节奏，但有些孩子到了一定年龄，有些能力总是发展不出来，好像被"卡住"了，常常与同龄孩子格格不入，如常常表现出紧张不安、笨手笨脚、严重害羞等，这些问题一直困扰着老师和家长。这是什么原因造成的呢？那极可能与感觉统合有关。什么是感觉统合呢？前面讲了在孩子身上也会出现这样或那样的原始反射问题，二者有什么不同呢？或者说这之间有什么样的关系呢？

感觉统合理论是由美国心理学博士珍·艾尔斯（A.Jean Ayres）根据自己对脑功能的研究首先系统提出来的。艾尔斯博士认为人的各种感官在环境中获得信息后，以不同的感觉通路（触觉、视觉、味觉、嗅觉、前庭觉和本体觉等）送入大脑，大脑对这些信息进行统合作用（包括解释、比较、增强、抑制、联系、统一等），并做出适应性反应的能力，就是感觉统合能力，简称感统。如果这个过程中任何一个环节出现问题，都可能对大脑与身体的协调产生障碍，使孩子的能力无法发挥出来，称为感统失调。感统失调的孩子智力是正常的，这也不是病，而是身体和脑的不协调表现出的状况，当去除障碍以后，孩子还是会得到良好的发展。感觉统合已广泛地应用于行为和脑神经科学的研究方面了。艾尔斯博士还创立了感觉统合教育,通过科学的训练来帮助那些感统失调的孩子。

那么,原始反射的整合与感觉统合是什么样的关系呢?如果把人的成长比作修房子,那么,原始反射的整合就像是地基,是大脑与身体协调的启动与基础,而感觉统合则是修建房子时的第一层。如果原始反射没有整合好,还有残留的话,总会反映出孩子的感统有问题;在训练感统的过程中,如果没有解决原始反射的问题,则很难从根本上解决这些感统失调的情况。**控制原始反射的中枢是脑干部分,属于脑的底层最古老的部分,原始反射的整合犹如老旧的电脑获得了升级,实现了向更高层脑的连接以及各区域的连接,关键在连接。感觉统合则是信息从这些连接通路上传送到大脑皮质层后,由脑皮质层各个不同区域的协同工作做出判断,并向身体反馈从而做出正确反应,关键在于统合协作。**

无论是连接还是统合,推动其发展和完善的内在动力是孩子天生就有的能力,是隐藏在基因里的属性。那么,是什么阻碍了孩子的发展呢?这里的因素复杂多样,有自然因素,也有人为因素。

小贝是个漂亮的女孩儿,很多人看到她都想抱抱,她非常抗拒,总是哭闹着不让别人抱,即使是与她很亲近的人,也不太喜欢。她不喜欢洗澡,每次给她洗澡,就像打仗,妈妈和奶奶总是做好各种准备,在她的哭声中快速打完这场仗。另外,她对声音很敏感,讨厌噪声。她从小就不喜欢被举高高的游戏,平衡感很差。人们都叫小贝"瓷娃娃",妈妈也很头疼。小贝在感统训练中心的老师的带领下,从触觉、听觉和前庭觉入手,进行近两年的综合感统训练,效果并不理想,直到其他专业的老师发现小贝的摩洛反射没有整合好。也就是说,小贝并非是单纯的触觉和听觉过于敏感、平衡感差的问题,而是孩子被卡在了防御性反射里了,她的反应是对于外界的压力产生的一系列防御反应。为此,老师设计了原始反射整合与运动结合的训练方案,配合感统训练,半年后,随着小贝自身的成长以及理解能力的增加,这些问题得以缓解。

感觉统合是一个学习和锻炼的过程,让大脑和身体彼此熟悉、彼此协调。这些学习和锻炼来自生活中的点点滴滴,来自游戏,来自运动。从人类进化与发展的历史来看,人类从直立行走到成为智人经历了100万年,智人的历史是从采集狩猎时代开始的，这个时期经历了25万~30万年，直到公元前1万年，人类才进入农耕时代。那么从直立行走到农耕时代这120多万年里，人类通过长时间的发展，从动物中完全脱离出来，并走到了食物链的顶端，正是因为大脑学会了抽象思维能力，发明了语言符号，拥有了学习能力。人类发展史上的绝大多数时间里，运动、生活劳动和游戏促成了学习能力的形成，可以说，现代人类大脑的能力正是诞生在运动、生活劳动和游戏中。人类进化至此，从出生到独立生活的十几年中，启动大脑的学习能力，锻炼心智能力，都离不开运动、生活劳动和游戏。

我上小学时，放学以后有大把的自由活动时间，基本上都是在户外玩耍，和伙伴们一起运动、一起游戏，孩子之间的推拉、碰撞等身体接触也很多。我们常玩的传统游戏非常符合儿童运动发展规律。而现在的孩子大多是在家里玩。缺少户外环境中的运动，会阻碍孩子的发育和发展，包括自然光下的视觉发育、复杂环境下的平衡锻炼，身体接触带来的触觉发展和本体觉等。

艾尔斯博士说："人类遗传基因中，都有感觉统合的基本功能，每个幼儿都有此本能。但这种本能必须在孩童时期和环境的互动中，在大脑和身体不断顺应反应下，才能高度和健全地发展。"

艾尔斯博士还说："孩子出现感统的问题，是身体发育方面的问题，不是父母的亲子教育问题。"

作为家长，我们要有觉察力，发现孩子，理解孩子，帮助孩子，引导孩子。

拥抱，是对孩子最有力的支持，也是构建安全感的"绝招"

见到小满妈妈的时候，她一脸的疲惫，因为小满大脑发育迟缓的问题，她不得不跟孩子一起进入学校陪读。为了让孩子理解老师的话，为了让同学们不歧视自己的孩子，为了让孩子能与同学一起玩游戏，为了给学校留下好印象，她费尽了心力。但是，前两天发生了一件事情让她不知所措，一个同学自己不小心摔倒，掉了一颗门牙，小满看到了哈哈大笑，其他同学因此都很气愤，觉得小满看到别人摔伤了居然在一旁大笑，很不应该，就一起指责小满，让他道歉。小满坚持不肯道歉，他觉得那个孩子受伤与自己无关，为什么要他来道歉呢？妈妈为了尽快平息同学们的怒气，也急着让小满道歉，她摇着他的肩膀说："小满，你就说嘛，说声'对不起'，只要说声'对不起'就行了。"小满被逼急了，突然大哭起来。小满妈妈既难过又茫然，为小满不能与别的孩子共情、被其他孩子排斥而难过，也为自己在这种时候不知道该怎么处理问题而茫然。

小满是个心智发育明显晚于同龄人的孩子，他的世界更单纯，他对周围环境的理解、对别人的理解是缓慢的，当然，一旦他理解了，也会是坚定的。而在与其他人对立的时候，孩子最需要的是支持，尤其是妈妈的支持。当别人不能理解自己的孩子，而妈妈又一时不知道该如何处理现场时，就不要急着处理，而是**先给孩子一个紧紧的拥抱**，让他不会觉得孤立无援。这个拥抱不能敷衍，需要有力量，还需要持续一点时间，这也是所有人的冷静时间，然后再想办法平息对立，解决问题。

其实，**拥抱，有力量传递的拥抱，对于孩子来说非常重要**！尤其是对于自身发展受到阻碍，与其他同学显得格格不入的孩子，当他感觉被误解、被孤立的时候，最需要的就是肯定与支持。这个时候，家长给予孩子心理上的支援是义不容辞的。对与错，有时候很难有清晰的界限，对于大人来说都很难划分清楚，对孩子来说就更难了。如果你感到孩子被排斥了，成了多数孩子的对立面，那就先给他个拥抱，让他感觉到你爱与包容，然后，孩子才能有力量去面对。拥抱就是无声肯定与支持。

有力量的拥抱

行为主义主张"孩子哭的时候不要抱",这个观念一度影响了世界上很多国家的人的养育方式。经过多年的实践和研究,证实这观念是错误的。

在著名的恒河猴与铁丝妈妈和绒布妈妈的实验中,心理学家发现,接触安慰与饥饿、干渴一样,是生存最基本的需要。由铁丝妈妈喂养的幼猴,因为缺少母亲的接触安慰,心里总是紧张的,很容易产生消化不良,所以这些幼猴经常腹泻。而那些由绒布妈妈喂养的幼猴,可以随时获得接触安慰,每当遇到恐惧和不安时,它们就立即跳到绒布妈妈身上紧紧地抱着,用身体去摩擦,这些幼猴长得更健康,表现得也更满足。母亲的接触安慰,是幼猴获得安全感的方式。只有获得了安全感的幼猴才能更好的发育成长,才愿意去探索周围的事物。实验证明,安全感是生长发育和心理健康的基本需求。

在孩子的养育中,安全感的构建非常重要。我们发现出现感统问题的孩子中,有很多是因为安全感构建得不好,最显著的反应就是触觉问题和前庭问题。再进一步观察和检测,我们发现安全感构建得不好的孩子,多数是因为摩洛反射没有整合好,更严重的情况是恐惧麻痹反射还有残留。前面讲过,恐惧麻痹反射和摩洛反射是很重要的原始反射,是原始状态下的防御机制。帮助孩子整合这两种原始反射,是孩子构建安全感的基础。

作家刘墉有一次讲到,他女儿刚出生的时候,护士用干布擦一擦就把孩子放到了妈妈的胸口,让她抱着。刘墉问:"这样合适吗?"护士说:"这样最合适,孩子被妈妈双手抱着,身体贴着妈妈的身体,听着妈妈的心跳,就好像还在妈妈的肚子里。这是她最熟悉的,最有安全感,会最开心。"女儿被妈妈一抱,就不再哭泣了。

知识和理念确实太重要了!一个小小的举动是多么大的关怀啊!真希望更多的妇产医生和护士有这样的认识。

我们一起来想象一下,一个还在妈妈肚子里的宝宝,被紧紧地包裹在黑暗的、柔软的、温暖的地方,可以荡来荡去,从来不需要担心什么,氧气、养分需要多少就有多少。外面有很多声音,但最多的是来自妈妈的声音,尤其是那有节奏的心跳声。安全安心，稳稳当当！

出生的时刻到了，不管是哪种方式，对婴儿来说，都是巨大的、艰难的过程。而接下来的，宛如天崩地裂；强烈的光线，自主呼吸，不再紧紧包裹。这是多么大的惊吓啊！如果这个时候及时让他回到妈妈的怀里，听到妈妈的声音，是对孩子最好的安抚，也是安全感构建的第一步。

中国传统的养育方式是：孩子一出生，就把他放在妈妈的身边，感受到妈妈的体温和熟悉的声音。刚出生几天的宝宝虽然不会移动自己，可是他依然像罗盘上的指针一样，能准确地找到妈妈，用身体挨着妈妈入睡。这种有温度的联结更容易帮孩子构建好安全感，为后来的成长打下坚实的蕴含能量的基础。

有不少年轻人，受到西方养育方式的影响，很早就开始训练孩子的独立能力。孩子的独立，是需要在基本安全感构建好的条件下才开始的。过早地进行独立训练，后续的问题非常多。

婴儿时期常被大人抱，在安全感充足的环境中长大的孩子的人格比较健全，对他人也比较亲和。

再来看看两个动物实验。如果虎妈妈常在小老虎身边，喂奶，并时不时地舔舔，小老虎就会长得特别快；如果虎妈妈喂完奶就出去了，让小老虎自己待在窝里，小老虎的发育就会慢许多。因为与生俱来的求生本能，会使小老虎尽量减少消耗热量，它感觉妈妈不在，可能很久才会回来，自己必须撑下去，等妈妈回来才能吃到下一餐奶。这跟老虎妈妈在身边，随时有吃的，可以放心去发育、去长大的情况恰恰相反。

小老鼠被带离妈妈，它变得不吃不喝，一直发出高频的叫声。鼠妈妈能够听到这个声音。鼠妈妈回来以后，需要不断地舔小老鼠，安抚它，才能让它渐渐安静下来，开始进食和休息。

孩子也一样，如果没有妈妈在身边，没有安全感，那么其他的事情，像吃巧克力、肚子饿都不是问题了，他会一直哭，直到妈妈来为止。在马斯洛的需求层次理论中，安全感是最基础的需求，是金字塔的底座，是其他需求的根基。

我那又瘦又小的儿子自诩是蜥蜴，不爱喝水也不爱喝汤。每次都是各种威逼利诱加讲道理，才能让他喝点东西。我跟他说："就像搅拌机，干的东西送进去，总是要加点水，才利于搅拌。你也该喝点汤才利于消化啊！"他说："我就是不想利于消化，那样我总是等不到中午或晚饭时间，就饿得很呢！"这是现实版的小老虎啊！他真是个典型案例，婴幼儿时期，我这个新手妈妈犯的各种养育错误随着他的成长逐一显现——安全感不足，是他最大的问题。他从小就入睡困难，要哄很久才睡得着，常常会做各种掉下来的梦，10岁多时还要妈妈陪一会儿才能安心睡着。

安全感不足的儿童往往表现出很多问题，比如敏感、不喜欢被碰触的触觉发育问题，或者像实验里的恒河猴或小老虎一样生长发育缓慢，也可能表现出怕高、讨厌旋转等前庭敏感问题，或是易怒、喜欢逃避、眼神无法与人对视、睡眠问题，或是有吃手、拉扯头发的习惯。就像前面案例里的小贝，她的防御性反射一直很活跃，导致她表现得非常敏感。

而安全感充足的孩子则表现出较小的适应压力。他们往往语言丰富，在与同伴交往中更加积极；3~5岁，安全感充足的孩子更可能表现出好奇心、同理心、复原力、自信，也会与其他孩子相处得更好。

那么，如何帮助孩子构建安全感呢？

◆ 拥抱和抚摸是让孩子获得安全感最好的方式

有妈妈在身边，孩子如果能经常被抚摸、被拥抱、被疼爱，一般发育得比较好。孩子在3岁前获得安全感，是这个阶段最重要的需求，建议家长多陪伴孩子。

从孩子的身体及大脑的发育来说，拥抱和抚摸是整合恐惧麻痹反射和摩洛反射的主要方式，也是提高触觉和前庭觉最基础的办法。这种防御性反射得到整合后，如果遇到大的惊吓，或是在非常疲劳的时候，还是有可能被触发。

汶川大地震发生后不久，参加心理援助的老师在灾区看到大部分人都是茫然又恐惧的样子，一个四五岁的孩子在大人中间打转，就像喝醉了一样，这时候，大人们都自顾不暇，没人留意到他，直到心理老师把他抱在怀里，紧紧地拥抱了好一会儿，他才慢慢回过神来。

◆ **温和友善和稳定的养育环境**

婴儿不但能听、能看，而且可能有更强的第六感。如果夫妻总是不和，家人总是在旁边吵架，孩子能有安全感吗？心理学研究发现，如果大人喜怒无常，也会造成孩子动不动就要抱抱，甚至很大了还这样，因为他不敢确定你爱不爱他，他需要你用抱抱来表示对他的爱。

我儿子两岁时，举家从上海迁到成都。孩子突然来到陌生的环境，显得特别不安，从两岁到三岁，他就像长在我身上一样，每天的口头禅就是"妈妈抱"，虽然让人疲惫不堪，但考虑到这是他的基本需求，还是尽量满足他。这样对他前期没做好的安全感构建有了些许补偿。

还有一种情况，现在大家的物质条件都比较好了，很多年轻人喜欢旅游，有时也会带上婴幼儿外出，让他也看看丰富的世界。然而，婴幼儿的生活以规律和稳定最为重要，过于纷繁的环境变化和无法固定下来的旅途，以及不得不调整的时间表，可能会打破孩子自身已经建立好的基本生存能力。前面说过，孩子和成人一样喜欢掌控，这种完全无法掌控的状态不但不利于孩子发育和发展，还会让孩子精神疲惫。更何况孩子的认知发展是有时间阶段的，就像把一粒种子在冬天种到土里，无论你浇再多的水、施再多的肥，它也是长不出来的。

这时候，我们传统的方式是非常值得提倡的，而用布包裹着孩子，背在背上或是抱在胸前，面朝着带着他的大人。这样，父母用温暖与宽厚，承载住了孩子因为纷繁而产生的不安。

环境的和善和安稳，可以帮助孩子更好地建立安全感，而后孩子才会勇气向外去探索。

◆ 大量的爬行运动从感官方面获得安全感

婴幼儿时期，孩子学会爬行，这个运动对于孩子的心理建设也很有利。爬行多的孩子，触觉感受丰富，前庭系统得到良好的发育，更能够理解外界环境，发展出良好的平衡能力，对自己的身体掌控能力也更强，所以更容易构建安全感。更多的爬行运动，让孩子性格勇敢、顽强，对照顾者也更好的发展出"依恋"的情感。

1~3岁，孩子的建立依恋关系也很重要，对于未来与人交往的安全心理、建立适度联结有着至关重要的作用。所以不要担心孩子黏人，这个阶段的黏人是重要的依恋关系的表现，看到他，回应他，帮他建立良好的依恋关系，也是构建安全感的一部分；否则，他可能会一生都困在那里，对亲密关系有不安全感。

◆ 父母的态度以及对错误的容忍度对孩子的影响也很大

一个女孩子怀孕了，她不敢跟父母讲，就自己买药打胎，结果引起了大出血，被送到医院后妈妈才知道。这个妈妈很伤心，自己一直用心养育着孩子，现在她出了这么大的事却不跟她说。这个妈妈是位教授，对于孩子的期望比较高，对孩子犯错的容忍度比较低。

孩子有事不敢跟父母讲，主要的原因就是怕父母骂、怕父母失望。如果被骂了，却还是得不到一个好的解决办法，那么，渐渐地，孩子遇到事情就不会向父母寻求帮助了。

在教育孩子的过程中，一定会说很多的"不"。当我们对孩子说"不"的时候，一定要花点时间，给孩子讲清理由，给他指一个正确的方向。如果每次孩子做错了事儿，在你这里受到批评了，但同时可以找到解决问题的方法，那么，他就会更有勇气面对难题，也有勇气接受批评。

孩子在父母这里有安全感，就会很勇敢，也敢于冒险，因为他知道自己有个安全网，有依靠，有人给自己托底。没有安全感的孩子常常希望得到别人的注意，他可能为了引起别人的注意去耍宝，也可能为了得到友谊去迁就别人，委曲求全。

帮助孩子构建安全感，就是帮助孩子奠定有温度的生命基石。

现在，再来说说拥抱。很多感统失调的孩子，在与别人相处的过程中都可能遇到像小满那样，被指责、被孤立、不被理解的情况，而且，运动和训练本身也可能对这些孩子有一定的难度，这时候，**拥抱是最有力的支持**，这个拥抱不是松松的环抱，也不是让孩子坐在臂弯里的抱持，而是**心贴心的，有一定力量的拥抱**。孩子可以从你的拥抱中感受到力量，感受到来自父母的支持。这是帮助孩子构建安全感最简单有效的方法。

生命的觉醒，与触觉有关的运动与游戏

人们把触觉称为人类的第五感官，但其实，触觉是人体第一个"醒来"的感觉。它是出现得最早，也是最基本的感觉。数以百万计的感觉末梢分布在人身体最大的器官——皮肤上，接收来自外界的温度、湿度、疼痛、压力、振动等方面的信息，通过神经纤维传到大脑进行感受和分辨。

但是，相比其他感觉，人们却很少探索和研究触觉。让人意想不到的是，人体皮肤与人脑是由同一组织产生出来的。生命之初，刚刚开始发育的人体胚胎由三层特殊的细胞组成：第一层，即中胚层，将发展出肌肉和骨骼；第二层，即内胚层，将形成人体内脏器官，如胃、肠和肺等；而第三层，即外胚层，就是形成人体神经系统和皮肤的基础了。因此，若说皮肤是人脑的外延部分也不为过。以大脑为核心的神经系统和皮肤有着十分重要和密切的联系。

人的皮肤表面分布着大量的感觉接收器的神经末梢，它们分布得并不均匀，分布最多的地方是嘴唇、舌头和指腹，其次是头部，分布最少的地方则是背部和小腿。

触觉系统提供给大脑的信息量非常巨大，也非常复杂。触觉对于人体健康十分重要。无论是我们的运动、日常行为、心智活动，还是情绪方面，触觉都起到

举足轻重的作用。尤其在婴幼儿时期，孩子需要不断的触觉刺激，才能发展出组织的协调性，帮助各项功能的健全，保持孩子的健康，以及构建安全感。

◆ 触觉分为辨识和防御两种触觉反应能力

其一，人类通过触觉的防御能力在环境中保护自己。可以帮助孩子对外界的危险做出判断，提高孩子的自我保护能力和防御能力。比如，遇到烫的东西或是被刺到，孩子可以迅速地做出反应。在胎儿和婴儿时期，触觉的防御反应对恐惧麻痹反射的发展与整合起到重要作用。随着触觉认知的成熟，恐惧麻痹反射这种原始的防御性反射渐渐退去。但如果这种防御性原始反射持续处于紧张活跃的状态，大脑会告诉我们的身体——不要动，尽量避免接触，从而会带来过度的保护性反应，也就是过度的防御性触觉反应。这样，孩子的内心会排斥接触，尽量地避免身体接触，由于缺乏触觉的感知，会对自己的边界认知不清楚，所以，他很难感觉到自己在哪里结束，别人又从哪里开始，也就变得不愿意尝试，不愿意探索。因此，孩子就会做得越来越少，变得不想做事，表现出来执行力弱，计划组织动作能力不强，这个孩子就很难进入良好的发展轨道中。

其二，触觉的辨识能力让人类来认知世界，感受到事物不同的触觉，让孩子积累如冷热、软硬、不同材质带来的多种触觉经验。这样接触中的学习和认知会让孩子感到愉悦，从而鼓励孩子发展运动能力和探索能力，而后更进一步地运动。触觉辨识能力的反复使用，会持续帮助孩子提高对身体的认知，丰富内在身体地图。丰富的触觉体验促进了孩子身体发育，会提高孩子生长激素和胰岛素的分泌，所以多抚摸孩子，可以让他长得更高更壮。

其三，触觉对发展精细运动起到了关键的作用。可以说，正是手指上丰富的触觉能力才让人类练就一双灵巧的手。甚至在远古时期，人类就会用手指在背部上下垂直移动来治病了，这就是早期的按摩疗法。

在婴幼儿时期，孩子认识世界的主要方式就是触觉。触觉可以对视觉进行补充，触觉和视觉相互促进发展。

触觉还有一个更为神奇的作用。我们可以通过触觉来表达安慰、爱意，通过触摸来辨别情绪、安抚情绪。孩子特别需要父母的拥抱、抚摸和轻轻的拍打，这是建立亲子关系最重要的方式。当一个孩子受到惊吓，把他抱在怀里，轻轻地抚摸、轻拍他的背部，孩子就会很快得到安抚。在前文中重点讲到了拥抱、亲吻和抚摸对孩子的重要意义。可以说，没有触觉，就没有正常的感情关系。触觉是启迪心灵的窗口。

前面提到的小贝，就属于触觉敏感的孩子。这样的孩子对于外界的触觉刺激反应强烈，他不知道怎么适当处理外界刺激，就形成了完全"排斥"的状态，造成过度的自我保护。他可能会特别挑食，比如，不喜欢花生酱里有颗粒，不喜欢喝的羹里有块状食物，不喜欢偏冷或偏热的食物，还可能讨厌洗澡或剪头发，对衣服上的接缝或者标签也比较敏感。触觉敏感的孩子也容易情绪不稳定，经常发脾气。

这样的孩子需要爸爸妈妈经常爱抚他，可以在睡前用手或柔软的毛巾抚摸她的手、脚、背部等。背部是触觉神经较少的地方，从背部的抚摸开始，慢慢地缓解孩子对于触觉的敏感，安抚孩子不安定的情绪。

在触觉问题方面，有些孩子是过于敏感，也有些孩子显得有些迟钝。

浩浩是个触觉有些迟钝的孩子，他常常很莽撞，碰到东西也浑然不觉，显得笨手笨脚，对于疼痛的忍耐度也比较高。因为用触觉辨识物体的能力差，浩浩怕黑，看不见的时候，他就会紧张。那些精细动作让浩浩觉得很难，如扣纽扣、用笔或是用筷子，都明显落后于同龄的孩子。

触觉对手、脚、口唇等部位的精细运动起到关键性的作用。手部触觉的辨识和敏锐度可以提高和强化手部精细动作的能力和协调程度。而前面提到的豆豆和妹妹的牙齿问题，不仅是口腔运动技能发展的问题，同时也是触觉发展的问题。很多时候，正是因为口腔的触觉不佳，导致口腔运动技能发展不顺畅。

◆ 有益于触觉发育的运动和游戏

下面介绍一些有益于触觉发育的运动和游戏，家长可以多和孩子一起玩哟。

光着脚走

尝试在不同的地面上光着脚走路，如泥土、细沙、小石头和草地，给脚丫儿不同的触觉刺激，积累丰富的感觉经验。慢慢地，还可以让孩子体会不同的地形，上坡、下坡、平坦或崎岖，从更多方面启发孩子的触觉感受。传统中医上说，足底的经络非常丰富，拥有全身各个脏器的反射区，所以提倡足底按摩，光着脚走也是对足底反射区的适度刺激，有益健康。鞋子对于脚来说，既是保护也是束缚，它阻碍了脚的灵活发展，爸爸妈妈也跟孩子一起光着脚走吧！

擀面杖

用床单、小毯子或是小被子包裹住孩子，然后把孩子当成擀面杖，在床上滚动。孩子很喜欢这个游戏，这种包裹还可以帮助孩子建立安全感。我叫孩子起床的时候，有时也会顺便就着被子裹着孩子滚一滚，这样，所谓的起床气什么的就都没有了，而且孩子常常要求再来一次、再来一次！

擀面杖游戏

洗澡和玩水

孩子的天性是喜欢水的。在家人的监护下安全地玩水，是每个孩子最快乐的时光。起伏的水面、飞溅的水花，孩子可以在快乐中感受水的变化。日常洗澡时，可以用淋浴冲洗孩子身体的不同部位，让孩子感受身体各部分对于水流的反应；可以微调水温，让孩子感受温度的不同；也可以调节出水方式，让孩子感受不同的出水速度，还可以一边冲洗，一边与孩子交流感受。

不同材料变化着玩

挖来干的沙子，淋上水，变成可以堆沙堡的湿沙子。

使用安全的颜料，用手当成画笔，在大大的纸张上画画，或是在地板上作画，还可以画"8"字。绘画也是好处多多，用手来当画笔，增加触觉经验。

用大一些的黏土做出自己喜欢的造型；可以把手埋进黏土，还可以用黏土把脚包裹起来，然后用力把手拔出来，拨开脚上的黏土。较大的黏土有点重，可以强化孩子的触觉辨别能力，启发孩子对重力的感知与本体觉，还可以集中孩子的注意力，降低孩子的触觉敏感与防御。

来揉一团面吧！在第五章专门讲过让孩子揉面。

用各种材料作画，甚至用食物在盘子里作画。把手洗干净，用不同的食材，一边用手做一边用嘴尝，还可以将成品加热后再尝尝。丰富手部触觉感受的同时，调动口部的触觉感受，启发孩子对食物的全面认知。

挤一挤

几个孩子一起挤在一起坐在长椅上，看谁先被从椅子上挤下去，被挤下来的小朋友又从边上重新加入。在家里可以大人孩子一起玩，大人应注意使用的力度变化。

挤一挤游戏

用大大的瑜伽球把孩子挤到墙角，让他想办法挤出来。还可以换着来，看他怎样用瑜伽球把大人困在墙角。

现在的孩子与同龄人的身体接触真的太少了，孩子间的推推挤挤，既丰富了孩子身体感觉，还增进了孩子之间的情感友谊。

枕头大战

每个人选择一个柔软的靠垫、枕头或大的毛绒玩具，分成两队开始打仗了！提前挪开附近的坚硬物体，混战中防止被撞到。这是孩子们最喜欢找我玩的游戏，我常常被他们打得节节败退。

在玩的时候，大人需要时时注意那些坚硬的东西，包括充当毛绒动物玩具眼睛和鼻子的纽扣，以及拉链等。

运动中的视听觉，如何帮助孩子发展有序空间

人在刚出生时就有了视觉和听觉，这时候，听觉系统发展得比较充分，10个月以内的婴儿靠听觉来吸收信息。随着视觉系统的成熟，听觉优势会让位给视觉，就像成人那样。但孩子听到的世界和看到的世界与成人听到的和看到的并不一样，并不是有组织、有结构的，而是混合且杂乱的。随着进一步成长，孩子与

周围的一切发生着互动，正是在这些互动中，他眼中的世界慢慢变得有序起来，逐渐成熟。这是一个复杂的过程，需要在反复的学习和积累中获得。

因为视觉系统是从孩子出生以后才开始启动的，新生儿看到的只是飘摇、虚幻、不实际的影像，视觉最先捕捉的是运动的物体，从进化的角度来看，运动与危险是相关联的。正是这种对运动的偏好，婴儿开始认识那些处于运动状态的物体。随着婴儿的成长，开始有了主动运动，孩子从运动中学会对比、高低、远近，视觉得以迅速发展。

小齐出生时就发现两只眼睛有不同程度的斜视，小齐妈妈求医拜师，寻找各种方法帮助孩子。到了6岁的时候，小齐的两只眼睛的视力都到了1.0，妈妈很高兴。但进入小学后，小齐在学习时遇到了困难，尤其是识字方面，三年级时的认字能力还处于一年级水平。直到小齐自己告诉妈妈他总是用一只眼睛看东西后才发现问题。经过检查发现，小齐的视觉融合能力很低，需要先手术治疗斜视问题以后，再经过一段时间的专项训练才能逐渐改善。

视觉不仅仅是视力，它也是很复杂的加工处理过程。伴随着孩子的成长，视觉能力会整合其他感觉，尤其是前庭觉，发展出更精细的视觉空间处理能力。当视觉有障碍的时候会发生什么？斜视是比较常见的情况，有些孩子看电视、看黑板时总是歪着头，还有的总是看到重影，有些孩子看不见正在移动的小的物体，还有些孩子无法做到与空间关系有关的精细动作，如剪纸，有些孩子对空间判断困难，容易撞到家具上，等等。

听觉同样不仅仅是听力，它也是很复杂的处理过程。艾米是个7岁的女孩儿，她能听到声音，但总是无法理解声音所表达的内容。虽然听力是与生俱来的，但能够理解声音的能力却是在与环境互动中学习的，随着各种感觉的整合，前庭觉的进步，才会发展出精细的听觉处理能力。如果听觉有障碍，会出现什么样的情况呢？无法找到声源，或者辨别声音的细节差异有困难，总是听不懂别人在说什么，表达困难，音调单一，等等。有些孩子在剧烈运动后，语言表达会变得清晰一些。

◆ 通过运动改善视听觉

运动可以明显改善孩子的视听觉，下面推荐一些方便的小游戏和运动。

球类运动

这是本书一再提到的运动。孩子天生喜欢玩球，从躺在摇篮里就开始了，因此，很多妈妈都会在孩子的摇篮上挂一个带有铃铛的彩色小球。当孩子学习爬行的时候，给他一个色彩鲜艳的、可以发出声音的球，他可以一直循着声音，追踪着球爬来爬去。这个运动不仅让孩子很开心，而且对于视听觉的启发和配合都起到了好的作用。到了会走会跑的时候，孩子也会踢着这个球到处跑，之后就会迷上抛接球的游戏。采用这种在球里加上声音的方式，既可以让孩子同时练习视觉和听觉，又能够训练到二者的协调能力。各种球类运动可以一直伴随着孩子的成长。

沙 包

前面也介绍过，可以几个小朋友一起玩打沙包的游戏，也可以一个人抛接沙包或者两个人抛接沙包。沙包里发出的"沙沙"的声音可以帮助孩子判断它的位置，眼睛追踪着沙包，当沙包向自己飞时，要快速判断自己该作出怎样的反应，是接住它还是躲开它，或是用脚把它踢向高处。

小汽车玩滑梯

很多孩子都喜欢玩这个游戏。每次在公园玩滑梯的时候，总有小朋友带着玩具小汽车，先让小汽车滑下来，然后自己再滑下来去追小汽车，一边玩还一边模拟汽车的声音。一个孩子玩就可以很快乐，如果几个孩子一起玩就更开心了，看谁的小汽车滑得更远，爬上滑下，追着汽车跑，互相追着跑，小朋友可以整整玩上半天。

节拍游戏

这个游戏需要用到一个黑板和一个节拍器。如果没有节拍器，家长或老师可以在一旁击掌或敲击乐器来替代，先与孩子约定好每个符号相对应的动作，比如看到"#"就用右手拍左肩，看到"*"就用左手拍右肩，看到"△"就用右手拍左膝，看到"O"就用左手拍右膝，"■"表示拍手，"◊"表示停。然后用这几个符号设计出不同的排列，写在黑板上，可以让孩子先熟悉一下，再打开节拍器，一边用眼睛看着符号排列，一边跟着节拍做动作。先让节拍慢一点，然后调整节拍，加快速度。

例：# # ◊　　* * ■ ◊　　△ △ ■ ◊　　O O ■ ◊　　# ■ * ■ △ O ■

节拍游戏

再试试更复杂的组合，也可以让孩子自己设计组合来玩。多做一些跨越中线的动作，或者增加滑稽的动作，孩子会越做越开心。如果没有节拍器，也可以让妈妈在一边用拍手或是敲击小乐器等方式打节拍。

这个游戏启动了孩子的阅读模式，可以丰富地训练到孩子的视听觉和身体的配合，提高对节奏的敏感度；孩子自己设计游戏还可以训练到孩子的计划能力，丰富孩子的想象力。

找到自我，同时训练平衡觉与本体觉的活动

平衡觉也被称为前庭觉，前庭系统管理着人的空间定位和平衡能力。当我们的身体做旋转或变速运动时，或者头的位置与重力方向发生改变时，就会刺激到位于内耳的前庭觉接收器。前庭觉接收器包括三个半规管、椭圆囊和球囊，它们接收到信息后，传递给位于脑桥和延髓的前庭神经核。而后进一步整合信息，调整身体和控制平衡。前庭系统让我们知道：自己的空间位置，身体是否是运动着的，以什么样的速度往哪里去。

如果平衡觉发展有问题，就会引起非常多的问题，运动能力、学习能力都会受影响，可以说平衡觉是孩子迈向良好发展的一道门。

本体觉对很多人来说好像很神秘，它隐藏在身体内部，默默地发挥着作用。比如，吃饭的时候，不用特意查看嘴的位置，就可以把食物送到嘴里，即使在电影院里一边看电影一边吃东西，也不会把爆米花送错位置。我们的身体里好像有个地图，即使不要用眼睛看，也能了解掌握身体的任何部位。

本体觉涵盖的内容比较广泛，包括运动、震动、位置等的感知觉。本体觉接收器分布在肌肉、肌腱、韧带、关节等处，无论是运动还是静止，我们都可以感知身体的位置、力量和方向，并能够控制身体各个部位。本体觉良好的发展可以保证肌肉的收缩、关节的自由活动，更好地整合前庭觉来保持平衡。可以通过本体觉了解并信任自己的身体，这是在心理上形成自我的基础，孩子会感到安心，更容易获得平静的情绪。

5岁的娜娜协调能力不太好，总是笨手笨脚的，如果不用眼睛看着，下楼梯都有困难，穿衣服也需要妈妈的帮助。每次向妈妈跑来拥抱的时候都像是撞过来的，总是喜欢对身体制造压力。这些也是本体觉发展不好的问题。

本体觉感受器深埋在内，像一道身体的屏障，可以降低其他系统的过度敏感，有助于提高警觉、降低焦虑。

大脑通过对平衡觉和本体觉的整合，可以随时了解和控制身体的位置、运动和力量。孩子在平衡与本体感受的帮助下找到自我，逐步感受到安全，越来越自信。

◆ **可以训练平衡觉和本体觉的游戏**

下面介绍几个活动和运动方式，让孩子们锻炼起来。

身体地图

身体地图游戏是个被动的活动，需要由妈妈辅助孩子来做。

身体地图路线导向图

孩子平躺在垫子上，妈妈用一个有些重量的小球在孩子的身上滚动。从腹部的核心位置开始，先向上慢慢滚动，一边滚一边说："这里是腹部，这里是胸部，到了颈部、下巴、嘴、鼻子、额头。"然后再慢慢把小球原路滚回核心位置；接下来向左上肢滚动，一边滚动一边念："从腹部出发，经过左侧胸部，到了左肩膀、左上臂、臂弯、前臂、手腕、左手。"然后可以原路返回，也可以让孩子把手臂翻转，从另一侧返回，一边滚动一边念："手背、手腕、前臂、手肘……"回到腹部核心。就这样又向右上臂走，返回；向下肢方向走，依次经过小腹、大腿、膝盖、小腿、脚踝、脚背、脚趾，较小的部位可以停顿一下，给一些力度加强位置的提醒；四肢全部走完一圈以后，再向上走一遍头部。每天用小球在孩子身上画地图，孩子就越来越熟悉，然后让孩子自己来说位置或调整路线。切记，一定都要从腹部核心位置出发，并最终回到这里，头部方向作为起始和结束。因为本体接收器属于深层感受，刺激需要略强，所以小球可以是高尔夫球那样有一定重量的球，不能太轻。

这个小游戏可以快速帮助孩子找到自己的身体，是本体觉很好的启动式训练。

摇小船

摇小船的方式也很多。让小孩子坐在妈妈用身体做成的小船上，一边唱着儿歌一边前后摆动，就像小船在湖中荡漾。

弯弯的月亮小小的船，

小小的船儿两头尖，

我在小小的船里坐，

只看见闪闪的星星蓝蓝的天。

摇小船游戏

大一点的孩子还可以与妈妈面对面地坐在地上，拉着手划小船。

几个月的婴儿也可以玩这个小游戏，只是要保证孩子坐姿的舒适性和安全性。小朋友在妈妈的身体上荡着，听着歌谣，又安心又有爱，孩子在这种氛围中平和地发展感觉统合能力。

骑 马

在爸爸妈妈身上玩骑马的游戏大家都不陌生吧？骑在背上，骑在腿上，更小的孩子还可以骑在爸爸翘着的脚踝或趴在小腿上，再配上儿歌，有节奏地上下晃动，这是多么快乐的亲子时光啊！

蹦床 + 缓冲垫

孩子总是喜欢蹦蹦跳跳，无论是3岁，还是10岁，都喜欢蹦床，前文也推荐过蹦床这个游戏。另外，我们发现，孩子总有一段时间非常迷恋玩从上面跳下来的游戏。在蹦床的旁边增加一个大大的缓冲垫，可以是沙发垫，也可以是软床垫，就可以把场地交给孩子了。他会欢快地跳上跳下，在蹦床上跳跳，然后跳到缓冲垫上，在上面翻滚；或者直接摔倒在缓冲垫上，感受这种强烈的撞击。

这个游戏可以同时刺激到前庭系统、本体觉和触觉，也可以增加重力感受。玩这个游戏时需要注意安全，蹦床和缓冲垫的高度差不能太大。

摔 跤

摔跤是传统的运动竞技活动，是一项非常好的运动。在原始社会就有了摔跤运动的雏形，那时候是一对一的角斗，以摔倒对手为目的，基本与现在类似。随着人们的反复实践，摔跤的技艺得到了迅速发展与普及，还曾几度进入奥运赛场。

现在的父母总是害怕孩子玩有身体接触的活动，更是阻止孩子的自由摔跤。其实，摔跤运动对孩子有很多好处：这是一种全身的运动，可以提高孩子的心肺功能；摔跤时需要人的静力和巧力，对于平衡觉、本体觉和触觉是很好的锻炼；运动时，需要全神贯注，紧盯着对手，对孩子的专注力也是一种考验和磨炼；可以提高孩子的应变能力；还可以提高孩子的消化能力，促进孩子生长。

在家里，可以由爸爸妈妈充当临时教练兼陪练，一边指导一边与孩子摔跤，教孩子怎样稳定自己，怎样使用技巧；也可以在专业教练的指导下，与年龄相仿的孩子一起运动。

摔跤游戏

需要提醒的是，活动需要适量和适度，适合的才是最好的，尤其是前庭刺激不宜过度。进行蹦床和缓冲垫的游戏时需要家长看护好孩子，当他无法掌握平衡的时候帮助他，防止身体落在缓冲垫以外的位置。

重力沙包

重力沙包是由李洪伟老师设计的一种特殊的沙包，专门帮助孩子训练手部和上肢力量及启动重力感知和本体感觉的沙包。顾名思义，重力沙包的个头较大，根据孩子的年龄和力量来设置重量。重力感知对身体平衡和本体感觉很重要，这种感知能力还影响情绪的控制能力。当重力感知越敏锐，平衡感、时间感和空间感也会越好，越有益于安全感的建立。现在的孩子大多缺乏搬重物的机会，可以用这个重力沙包学习各种负重方式。

抛接是练习重力沙包的基础方式。练习时，用蹲马步的方式稳定下肢，重心下沉，通过抛接沙包可以增强骨盆的稳定性。这是一个很好的亲子游戏，父母带着孩子一起动起来，帮助孩子提高手指、腕、臂、肘、背、腰的力量，以及各个身体部位合作的能力，提高手指肌肉和身体相关肌肉的重力感知能力。

重力沙包游戏

触觉、本体觉和重力感知就像一个组合，这个组合发展得越好，我们就越有时间感、空间感，运动的平衡能力和动作计划能力也相应发展得更好。这对安全感的构建也很重要。

很多公园里都有适合孩子玩的游乐园，这里所说游乐园并不是那些小型的电动游乐场。

一次，我们在一个游乐园看到一个专供孩子攀爬的大网。哥哥开心地在上面快速爬了几个来回，妹妹小心翼翼，缓慢地爬动，一个落点一个落点稳稳地爬，专心致志。旁边还有很多旧轮胎被涂成彩色，一部分埋在土里，一部分露在外面，做成路桩和障碍，孩子在上面走走爬爬。不软不硬的旧轮胎像一个个弧形的平衡台，对孩子的平衡觉和本体觉都是很好的训练。

电动游乐园孩子虽然也喜欢，但并不推荐。**被动的刺激对孩子来说收获并不大，还容易刺激过度。孩子和成人一样喜欢掌控，主动运动才是发展自我控制能力、统合感觉、协调身体与大脑的最好方式。**

动作计划能力，在游戏中学会快速把身体组织起来

如果你从来没滑过雪，可以想象一下滑雪的时候怎么做，身体是怎样的、动作是怎样的，感觉又如何。然后你做好一切准备，来到滑雪场，把自己组织起来，感官、肌肉、关节……开始把这些动作执行起来，进行滑雪运动。

整个过程被称为动作计划能力，也叫作动作运用能力，它包括三个部分，其一是概念化能力，就是想象一个陌生的不熟悉的复杂连续的动作；其二是动作计划能力，即为了做这些动作把身体组织起来；其三是执行能力，就是把这些连续复杂的动作做出来。

运动员做技巧性运动的时候，往往是先观察别人，然后在大脑中反复想象自己在完成这一连串动作时的细节，进行动作计划，最后尝试执行。正如前面提到的科学家对跳水运动员的研究，他们的大脑中负责观察学习的脑区灰质更多，有着超强的动作计划能力。

往往，孩子看到别人做的运动，觉得这个自己也能做，但只是看一看、想一想，并不能真正掌握那些动作，最重要的是按照看到的想到的——行动起来，只有亲自做出来才行。

8岁的小宇在一旁看爸爸妈妈打羽毛球，看了好一会儿，觉得这些自己也能做，就要求上场。但他没有打过球，并不能真正把身体组织起来，像自己想象的那样接到球。没两下，他就不想玩了，扔下球拍以后就再也没碰过了。

我儿子在学习自行车的过程中也是这样，每次看到别的孩子骑行，好像并不难，但他一开始学就感觉困难，然后就说自己没办法做到。就这样，自行车又被搁置了半年。

每个人接触新的运动的时候，都不会马上就能掌握，开始有些困难和挫败在所难免。但对于有的孩子来说，并不是学习适应的过程那么简单。他的感觉是很困难，完全做不到，无法协调身体和意念。就像小宇，他本可以从简单的动作开

始慢慢适应和学习，但掌握球拍、做出动作、击到球等动作对他来说格外难，似乎无法做到，直接放弃，甚至很难让他再拿起拍子。同样，我儿子想学自行车已经很久了，但他每次都只是尝试了一下，感觉自己根本做不到，就放弃了。这个过程经历了三次，每次都是半年以后，实在是羡慕别的孩子，才又决定尝试一下。中间无论我怎么鼓励他，都回复我说："我喜欢滑板车！我玩轮滑的水平很好啊，完全可以追上自行车的。"

动作计划能力强的孩子对自己的身体组织能力强，任何运动都很容易上手，学一下就可以初步掌握。所以当孩子想尝试的时候，应该鼓励孩子，为他提供机会和环境，只有让他动起来才行。当开始行动后，想象才可能会变成现实，组织身体的能力也会加强，孩子的动作计划能力就会越来越优秀。当孩子精通一种运动的时候，就会凭借着归纳总结的能力，将自己学到的身体动作技能运用到其他的活动中，学会一个又一个复杂的、有难度的活动。

这跟自信心很像，当孩子在某一方面获得了自信，那么他在做其他事情的时候也会组织起自信时的身体感受，往往有如神助，一路开挂。

运动计划能力不佳的孩子常常表现得有些笨拙，在做连续性的运动动作时，会出现计划和组织方面的困难，如骑自行车；很难定位自己的身体姿势，害怕某种空间移动；对新任务不能应用自己已经掌握的技能。还有些孩子在奔跑、攀爬或跳跃方面不太会控制肌肉，一些精细动作方面也控制困难，手眼协调能力不好。甚至，有些孩子存在低自尊的现象。

◆ 帮助孩子快速提升动作计划能力的活动

本章推荐的强化各种感觉的游戏和运动都可以让孩子玩起来，这些活动对于提升孩子的动作计划能力都是有帮助的，尤其是本体觉和平衡觉的活动。

障碍游戏场

这是每个孩子都爱的活动。活动中连续的、有着丰富变化的动作让孩子能集中精力应对变化，快速调整身体，增强动作计划组织能力。根据环境和条件，为孩子准备一个有各种障碍物的游戏场，在这个游戏场中，孩子需要完成各种动作，如弯腰、平衡、爬行、翻筋斗、攀爬、跨越、跳、滑行等。

让孩子一起参与建造障碍游戏场，他最清楚自己喜欢什么需要什么，这也是活动的一部分。每个障碍物后方都要留有一定的空间，方便孩子调整姿势。检查障碍物是否稳固安全。然后就可以让孩子动起来了，让他自己选择通过障碍物的方式。可以发现孩子有丰富的想象力，按照自己的想法去实现活动，这正是锻炼孩子动作计划能力的关键部分。

障碍游戏场

看看这些障碍物吧：

几个旧轮胎——这是很好的玩具，玩法多样，放在障碍场里，孩子可以任意使用。你会发现，它们有时候是小推车，有时候是梅花桩，有时候是平衡器，有时候是圆圆的洞。孩子在通过轮胎区域时方式是最多变的，充满了创造力和想象力。

几个交通锥——孩子在运动中调整重心，左右绕行，感受身体姿势与平衡的关系。

> 隧道——孩子很喜欢这个隧道，他可以爬过去，还可以匍匐前进通过。如果没有合适的隧道，也可以用大的纸箱代替。待在一个小的空间里，是很多孩子都喜欢的事儿，他们总是用家里的沙发垫和小毯子搭自己的小窝。
>
> 平衡木——通过平衡木也是孩子喜欢的活动。他可以以任意的方式通过。
>
> 攀爬架——也可以用其他的方式代替。攀爬对孩子是非常好的锻炼，尤其对于重力感知不好的孩子。这个运动对很多孩子并不容易，这需要有力的上肢。
>
> 如果有需要，请在旁边保护孩子的安全。

也许你选择的场地比较小，材料也不多，没关系，先做一个简易的障碍场让孩子动起来，等他熟悉了，再调整障碍物。原则上就是让孩子运用丰富的运动方式，把自己的身体组织起来，完成一连串的活动。

当孩子的活动能力增强以后，还可以增加道具，比如让孩子抱着一个球通过障碍物，在上坡和过平衡木的时候头上顶着一本书，等等。

推独轮车或拉车

> 这个活动道具很难找到了，但是在参加户外活动的时候可能会遇到。车里堆满重物，需要孩子用力去推或拉。也可以变通一下，在逛超市的时候让孩子负责推购物车，或是拖着购物篮；还可以让孩子坐在大购物车里，由大人来推着他购物。

孩子坐在车里被推着走，有利于孩子不断地调整身体，维持平衡，可以刺激到前庭觉。他负责推车或拖车的时候，比较重的车可以让孩子组织肌肉力量，有利于本体觉发展。在货架中小心地推着车穿行，对孩子的动作计划能力很有帮助。

老狼老狼几点了

> 这是个有趣的游戏，很多孩子都会玩。这个游戏没有竞争，也不限人数，只要有一块大的空地就可以玩。

> 玩法一：先在空地的一角设置一个羊圈，然后选一个人当老狼，其他孩子当小羊。游戏开始了，老狼站在一个固定的地方，小羊们站在羊圈附近一起大声问老狼："老狼老狼几点了？"老狼随意说时间："现在是6点了"，从1到11点，小羊们会以任意的方式向老狼的方向走，这个时候，还可以增加一个步骤，就是由老狼或一个小朋友规定大家行走的方式，比如踢正步、单脚跳、青蛙跳、螃蟹爬等。然后继续问老狼几点了，一问一答，老狼掌握着主动权，当老狼突然夸张地大声说："现在是12点啦！"他就可以冲出来抓小羊了，小羊们需要迅速跑回羊圈，如果被老狼抓住了，那么他就被淘汰了，或者成为下一个老狼。
>
> 玩法二：其他内容大致与方法一相同，不同的地方是，大家一起问："老狼老狼几点了？"老狼可以选择从1~12任意时间，比如说："现在8点了。"小羊们就要向老狼的方向走8步，他们一边大声数数，一边用各种方式行走。然后继续问老狼几点了，反复问答，当老狼突然说："现在开饭啦！"就开始捉小羊了。小羊要马上返回羊圈才算安全。

在这个游戏中，孩子们用不同的方式移动身体，可以改善动作计划能力，提高各种运动能力；在和其他孩子一起玩耍的过程中，改善视听觉的能力，提高方向感、空间感。孩子们一边数数一边行走，可以改善冲动控制。当老狼的孩子掌控全局，同时可以在放松和紧张的情绪中变换，可以让孩子获得极大的满足感。

第八章　专注力，与培养高品质专注力有关的那些事儿

大家都知道专注力对于学习的重要性。那么什么是专注力呢？专注力与注意力是一回事儿吗？

专注力是人进行一项活动的心理状态。它不仅仅是一种态度，也不仅仅是一种能力，而是认知活动得以顺利开展的推动力。

专注力与注意力都是一种心理活动，但它们并不是一回事儿。

注意力可以说是天生就有的，表现为对一定事物的指向或集中。注意可以分为无意注意和有意注意，其中无意注意属于天生的注意，而有意注意是一种意志努力的结果，并非天生。专注力就属于有意注意，它有很明确的指向性和社会功能，具有选择性、稳定性、广度、分配等品质，包含着意志努力。专注力可以通过训练来获得和提高。

影响专注力的因素有：活动对孩子的吸引程度，活动中孩子的参与程度，与他人的互动联结能力，孩子在参与活动时的身体和情绪状态，以及自身的意志力。

我们希望孩子有高水平的专注力，也常常为孩子不能专注于学习而责备他，那么，好的专注力是怎么形成的呢？家长在其中起到了什么样的作用呢？我们来看看在孩子成长中与专注力有关的那些事儿。

内化完整体验，让孩子在自己的节奏里感悟专注力的内核

磨蹭，是你的孩子的特点吗？每个妈妈都会有因为孩子磨蹭而抓狂的时候。无论自己再怎么在心里默念"别急别急"，可当看到孩子5分钟才塞一口饭到嘴里时，都忍不住要催"快点快点"，甚至忍到标点符号都不想打了。本以为只有自己的孩子这样，但当看到楼下的那家爸爸妈妈齐上阵，还是来不及准时送孩子出门时，才松了口气——原来不只自家的孩子这么磨蹭啊！当听到一首妈妈催促孩子的歌曲时，才发现，原来天下的孩子都一样啊！

成年人的世界是焦虑而忙碌的，生活节奏不断地加快，已经停不下来了。孩子来了，他打破了我们的节奏，于是，我们不断地催促孩子，希望他能够跟上我们的脚步。

儿子4岁的时候，我带着他走在从幼儿园回家的路上，儿子说："妈妈，我们玩个游戏吧，我来当妈妈，你来当孩子，好不好？"我说："好啊！"还没等我回过神来，他突然大声又严厉地说："快点，快点！"我一下子愣住了，本以为他当妈妈会照顾我或者引导我做些什么事儿，被他一吼，居然一瞬间反应不过来了——真的好难过，原来，我一直是这样对他的。

每个人都有自己的节奏，我们在自己的节奏里生活、学习、工作，才会顺畅。一旦被打破节奏，如果是短时间的，可能有些情绪变化，但如果总是打破节奏，那么就可能出现身体方面的问题或心理问题。可能会有人说："孩子不是可塑性很强吗？如果早一点让孩子适应快节奏，不是就能更高效了吗？不就更可以'赢在起跑线'了吗？"

艾米的妈妈是个高级职业经理人，也是个大忙人，为了"好好地"陪孩子，每周抽出两个小时来做"有品质的陪伴"。她从来就没想到过问问艾米，在她有空的这个时间，艾米是不是想去玩。她把孩子带到一个很贵的儿童乐园，深信丰

富的刺激对孩子有益，每次都是一边陪孩子玩一边计时，20分钟玩沙，20分钟堆积木、20分钟玩滑梯……孩子总是刚刚进入状态就被带走。等孩子到了上学的时候，老师找到艾米妈妈，说："艾米有注意力问题，她的注意力总是分散的，根本坐不住，很难专注，什么都只能干一会儿，这样老师很难教啊！"

孩子也是有自己的节奏——成长的节奏。

孩子在他的节奏里能干些什么呢？他的节奏是怎么形成的呢？或者说，为什么要尊重孩子的节奏呢？

蒙台梭利告诉我们：当一个孩子把注意力集中在某一活动时，他会不断地重复这个活动，10次、40次，甚至200次，这"源于一种原始的内在冲动，就像人处在精神饥饿时所具有的那种模糊意识一样"。在这种满足精神饥饿的冲动下，孩子一次又一次地重复，不断地发现问题、解决问题，这让他更加有兴趣，反复实验。这个过程，是孩子"内在意识的发展"，是"心理构建的基础"。

每个孩子对不同的活动重复的次数都不一样，同一个活动，有的孩子可能重复十几次，而有的孩子要重复上百次。当他停下来，不再重复了，他就有可能再也不做这件事了，而是开始新的活动，又重复、就像吃饱了不再吃了一样。这是孩子的一个体验内化、知识内化的过程，同时也产生了孩子的节奏——认知的节奏、成长的节奏。蒙台梭利说："这是对儿童进行行为教育的唯一秘诀。"

有一次，我和孩子在公园里玩，看到妹妹站到一块大石头上往下跳，每次跳下来然后又爬上去，她重复跳了十几次，然后头也不回地走了。而跳石头这个活动，哥哥小时候至少持续了四五天，每天都要跳20次以上。

孩子在自己的节奏里，才感觉到最舒服、最顺畅，顺应孩子的节奏才会让孩子更好地成长。我们在帮助孩子建立良好生活习惯的同时，需要注意孩子的节奏，尊重节奏，让他享受完整的内在体验，构建更好的心理世界。

经常被打乱节奏的孩子，或者情绪不稳定，容易烦躁、没有耐心，或者反应迟钝、自我压抑，甚至可能影响到激素分泌，损害身体健康或心理健康。

前面提到有家长希望孩子学会"高效"做事，我们对待"高效"一词需要保持谨慎。如今的孩子成长在一个绩效主义严重的社会中，周围的环境很容易把孩子引入看结果、论输赢的思维中。殊不知，这种绩效的思维对孩子的专注力有着很强的破坏力。首先，孩子的成长节奏各不相同，他在活动中自我构建，与绩效无关。如果一定要用绩效来衡量的话，那么，**尊重孩子的节奏才是让孩子健康成长意义中最高效的做法**。其次，如果把成人的高效思想灌输给孩子，久而久之，会在孩子的心中形成"以得失论成功"的认识。做事的时候就会想：这么做是不是有利？这么做能成功吗？这是非常影响专注力的。**真正的专注，是专注在做事的过程中的，那个时候是不计得失，全力以赴的。**

在一次重要的学生足球比赛中，孩子们不是想着："这场比赛很重要，一定要赢啊！"就是想着："教练说，只要发挥出应有的水平就能赢。"结果却输了比赛。赛场上，瞬息万变，很多事无法预料，只有专注于踢球这件事本身，全神贯注在断球、控球、传球以及把握时机射门上，大家都拼命去努力，才有可能取得胜利。

游泳名将菲尔普斯，在接受采访时说："比赛时，水面闪闪发光，特别有吸引力，游的时候，感觉跟水融为一体了。"

只有全神贯注地做一件事，才能与环境融为一体。**全力以赴的状态，才能让专注力持续，这才是百分百的专注！**

"十年树木，百年树人"，教育是一个漫长的过程。请尊重爱磨蹭的孩子吧！让孩子在自己的节奏中滋养内心，积蓄力量，向深层的认知探索。

专注力也需要能量，这些能量哪里来

专注力到底是什么呢？它是指一个人专心于某一事物或活动时的心理状态，是一种有意识的、主动的注意，在心理学上被称为有意注意、随意注意或主动注意。它是一种意志努力的结果，可以说，专注力是一种"力量"。

这种"力量"与肌肉力量一样，是需要能量的，也是可以经过训练获得的。

专注力在人的认知和学习活动中意义重大，随着孩子的成长，需要有意识地培养孩子的专注力。3岁以前，孩子的注意基本属于无意注意，或称为不随意注意、被动注意；到了3岁左右，开始发展这种有意注意，孩子的专注力只能持续几分钟；随着孩子的成长，专注的时间也会逐渐提高。**有意注意的持续性和稳定性是注意品质的一个重要指标**，可以从保持专注的时间上来衡量孩子的专注力水平。

下面来看看专注的时候，大脑是如何工作的。

专注力产生的神经机制——脑干网状结构的激活作用使脑处于觉醒状态，并使大脑皮层功能普遍得到增强。大脑边缘系统内部相互连接，并与其他脑区广泛联系。产生注意的最高部位是大脑皮层，而前额叶发挥着"总指挥"的作用。前额叶发出自上而下的指令，调控相关区域的神经元对视觉目标和语言指示进行高度关注，同时还能对外围感受器产生抑制性影响。

大脑各个部分的连接和发展，正是孩子早期大脑发育的关键内容，良好的连接和发展是保证信息的上传下达的生物基础。儿童运动发展与此共同展开、相互促进。而睡眠、运动以及营养，是大脑发育与工作的重要推动因素和能量来源。

◆ 说说睡眠

人的一生有三分之一的时间花在睡眠上，过去人们总觉得这太浪费时间了，希望能从睡眠的时间里分出一些来做"更有用""更有趣"的事。

拿破仑曾经强迫自己两三夜不睡，但结果却是整天头昏脑涨，无法集中精神，记忆力也变差了，大白天反而一不小心就睡着了。

第二次世界大战期间，由于劳动力严重缺乏，一些工厂决定延长工人的工作时间。刚开始的一两周，确实提高了产量，但到了第三周，不合格的产品一下子多了起来，没过多久，合格产品的产量反而比增加工作时间之前大幅下降，工厂不得不立即恢复原来的工作时间。

睡眠是头等大事。孩子身体和大脑的生长发育几乎都是发生在睡眠过程中的。

近些年，科学家使用核磁共振对睡眠进行了大量的研究。在睡眠过程中，我们大脑皮层的视觉区域是暗的，而大脑的其他部分却非常活跃。科学家把人类睡眠分为四个阶段，从入睡、浅睡、熟睡到深睡，脑波也发生变化。在睡眠过程中，以 1、2、3、4、4、3、2、1 的顺序进行，在由深睡向浅睡返回的过程中，我们开始做梦，这个阶段有时也被称为快速眼动期。一个轮回大约 90 分钟，婴儿是 60 分钟。做梦时有两个重要的指标——眼部跳动和大脑发射 β 脑电波。让人意外的是，这个 β 脑电波也是我们专注做事时的脑电波！

研究发现，**做梦是非常重要的，如果不让做梦的话，学习能力会严重受损**。

以色列科学家做过一个实验：所有参加实验的士兵先背 40 个单词，然后分三组，第一组正常睡觉，第二组不睡觉，直接去行军，第三组是可以睡觉但不让做梦，一开始做梦就立即被叫醒。第二天早上大家一起默写昨天背的 40 个单词，发现记忆结果最差的是第三组，也就是不让做梦的那一组。

研究发现：做梦是去污存精，温故知新的过程。在做梦的过程中，大脑用自己特有的方式进行知识处理和存储。科学家还发现，梦开始的时候会处理白天发生的事，到了梦的中间阶段就会处理 7 天前发生的事情。没想到吧，做梦竟有此作用。

我们来看一个动物做梦的实验。做梦是哺乳类动物所特有的现象，但雄鸟在学唱歌的那三个月也是会做梦的。基于做梦在学习中起到的重要作用，科学家就在鸟儿做梦时给它注射麻醉，让它不能做梦，醒来后，它前一天学的唱歌技巧都忘记了，这样持续了三个月，结果是，这只鸟再也不会唱歌了。

在人类睡眠的实验中发现，在睡眠的第四阶段，我们会分泌生长激素、血清素和正肾上腺素。

毋庸置疑，生长激素对儿童是至关重要的。对成年人来说，分泌生长激素有助于修复细胞的损伤，比如，人们常说的睡美容觉，或是感冒的人好好睡一觉，醒来后会好很多。

血清素和正肾上腺素都是一种神经传导物质，是传递思维和情感的重要神经递质。血清素在认知功能方面也扮演着重要角色，如大脑记忆力和学习能力等，血清素的缺乏还与抑郁症有关，是身体的重要元素之一。而正肾上腺素唤醒大脑，提高了大脑的警觉性，增强了记忆的形成和恢复，集中了注意力。所以，经过一晚睡眠之后的早上是记忆力最好的时候，上午更容易保持专注力。

要想孩子学习好，就要让孩子睡得饱。2021年4月2日，教育部发布《教育部办公厅关于进一步加强中小学生睡眠管理工作的通知》，把保证孩子睡眠时间，提高孩子睡眠质量提升到制度的管理中。为保护我们下一代的健康发展，连国家都出手对孩子的睡眠提出了要求，家长就更应该重视起来了！

◆ 说说营养和运动

当一个人专注思考的时候，大脑需要消耗大量的能量，它可是人体内的营养需求大户，所需要的营养包括葡萄糖、氧、水、氨基酸、不饱和脂肪酸和优质蛋白质等。据测算，大脑每天消耗肝脏储存血糖的75%，耗氧量占全身耗氧量的20%。思考得越多，大脑需要的"燃料"就越多：当一个人专注思考时，大脑每分钟消耗的热量是1.5卡路里，当人在行走的时候每分钟大约消耗4卡路里热量。

运动就更不用赘述了，本书的主题就是运动对大脑发育发展的作用。通过运动整合身体与大脑的协调性和整体性，以及各大感觉的统合能力。运动还可以增加血清素、正肾上腺素和多巴胺，这些神经递质都会对专注力有帮助。肌肉运动产生的蛋白质经血液运送到大脑，这些蛋白质在思考机制中发挥了关键的作用。多巴胺会让人情绪愉快，这可是专注力的最佳助攻。

所以学习前运动一下，效率会更高。下午放学以后，孩子在户外运动半小时再回家写作业会更好。下午五六点，是大脑很疲劳的时候，所以这个时间用来吃晚饭，小憩一下，然后再学习，大脑更容易专注在课业上。

次被动注意，引发令人愉快的专注力

在前文中提到过被动注意，又称不随意注意、无意注意，它不需要付出努力，只要是周围有什么特别的、不同的事情发生，或比较突触的刺激，自然就会引起注意，这是一种本能，属于原始的、基础的注意。每天都会有几次这样的注意产生，3岁以前孩子的注意基本属于这种类型。与此相对的，主动注意又称为随意注意、有意注意，就是需要付出努力的注意力，它可以克服环境带来的影响，坚决而持久地专注于某一项活动中，无论这个活动是否有吸引力，都因为人类的意志力而持续专注于此。

◆ 什么是次被动注意

次被动注意，又称随意后注意，从名称上可以看出，它是介于主动注意和被动注意两者之间的一种注意。次被动注意像主动注意一样，是有目标、有任务的注意，但它同时又是无须意志力、省力又轻松的注意。举例来说，刚开始接触文言文的时候，不感兴趣，还挺难的，但为了完成任务，会努力去集中精力学习，这是主动注意，这种专注力是需要付出努力的，有比较大的消耗。当学了一段时间以后，已经掌握了其中的基础知识，发现文言文里有很多有趣的故事、文字简练又特别，仅凭着阅读的兴趣就自然而然地被吸引到文言文的学习中来，这时候的专注已经不需要太多的意志力了，让学习变成令人着迷的事儿了。这个过程中用到的就是次被动注意。

很明显，培养出次被动注意是最理想的，它意味着省力的、令人愉悦的学习，这对于完成长期的、持续的任务特别有利。培养次被动注意的关键在于发掘对活动的兴趣。同时，次被动注意产生之前，需要先是意志力主导的主动注意，当兴趣发生以后，孩子被这种着迷的感觉推着学习，一旦遇到困难，又需要意志力来帮助继续坚持下去。所以，**培养次被动注意一方面需要培养兴趣，另一方面，需**

要培养孩子的意志力。

◆ 提高孩子的专注力，启动次被动注意

1. 认知负荷的匹配

我们希望孩子对目标活动感兴趣，首先要看看这个活动与孩子的认知能力是否匹配。这是一件量力而行的事儿，就好比搬石头，力气小就搬小石头，力气大的才能搬大石头。认知负荷是指对知识的加工和处理的能力。为孩子安排一个活动或布置一个任务，需要看看这与孩子的认知负荷是否匹配。如果活动过于简单，孩子做两下就没兴趣了；如果活动太难，孩子可能会退缩，任凭怎么鼓励，孩子都没办法完成，反而会造成不必要的挫败感，让孩子失去兴趣。如果给孩子的这个"石头"大小刚好，孩子可以搬动，但有点费力，那么这样的负荷是最有利的，既可以引起孩子的兴趣，也能锻炼到孩子的能力。

让已经上了小学的妹妹读儿歌，她读了一遍就走开了；让她背《诗经》里的诗歌，她试着学了一次，下一次就怎么也叫不动了。于是学习的内容调整为唐诗里简单的五言诗、七言诗，她越背越带劲。看来，读简单的唐诗是与她的认知能力相匹配的。

2. 观察儿童注意力方向，把握时机

根据任务或目的准备几个活动，让孩子有自由选择活动的权力，而家长需要保持观察，当孩子把注意力放到某一项活动时，及时进行引导，把握时机将孩子引入教学，让他对即将参与的内容充满期待。

在教学中引导孩子从已知到未知、从易到难，逐步走进通往新奇的"未知"领域的大门。然后再进一步深入学习，并将注意力引向期望的状态。

蒙台梭利说："教师的整个艺术，就在于把握儿童的注意力，使孩子对他的教学充满期待，并在他们'敲门'时，向其提供'开门'的内部力量。"

3. 有头有尾，做事完整

在日常活动中，让孩子做一些有意义的事儿，并鼓励孩子坚持把事情做完，

不能半途而废。这对于孩子的意志力锻炼有好处，也可以让孩子养成有始有终的良好品质。当孩子独立完成时，这对于孩子来说，就是最大的奖励。从大脑的工作机制来看，"独立完成"本身就会让大脑感觉满足和愉快。

乐乐六七岁的时候，妈妈从宜家家居买来一个小柜子，因为他一直是拼乐高的小能手，看到这个需要组装的小柜子，他很有兴趣地说："我要自己一个人把它组装好。"得到同意后，他就开始干了。可是干了一半就觉得又累又麻烦，不想做了。看看铺了满地的木板和零配件，妈妈让他把东西归置到一边，喝点水，休息一下，再接着做完——而且，必须做完。乐乐坚持做完以后，又自豪又满足。从此以后，家里买的所有需要自行组装的小型家具和用品，都由乐乐一个人来独立完成了。

带着使命感工作时候，更容易产生高度的专注力。

在学习和生活中，并不是每一个活动都能让孩子提起兴趣，但是，对于必须要完成的任务，或者必须长期坚持的活动，需要尽量从中寻找兴趣点，想办法以点带面。当然，更重要的还是需要坚韧不拔的意志力，这才是持久不变的"兴趣"所在。

如何训练高品质的专注力

专注力是一种"力"，是可以通过训练获得和提高的。

运动就是提高专注力的最本源、最基础的方式，可以从注意的四个重要的品质特点进行切入，通过这些品质的专项训练，培养拥有高品质专注力的孩子。

◆ 注意的广度

注意的广度又称注意的范围，指在同一时间内能清楚地把握对象的数量。如

"眼观六路，耳听八方""一目十行"都是指注意的范围问题。在视觉方面，同一时间能看到的所有空间中的内容；在听觉方面，则是能听到的不同声音。比如，交通警察工作时需要有良好的视觉注意广度，音乐指挥需要有出色的听觉注意广度，还有司机、教师等职业都需要良好的注意广度。

陪孩子看绘本时，可以打开有丰富图案的一页，让孩子看几秒，然后合上书，让孩子回想刚才的画面上都有哪些东西，或者是有哪些颜色和形状。在外面散步时，也可以和孩子一起玩"看到了什么？"的游戏，向一个方向看几秒钟，然后转过身，回想刚才看到些什么。

我家的两个小朋友坐车出行的时候，最喜欢玩的游戏就是"我有你没有"。这是他们自创的小游戏，两个人坐在车后座上，每人守着一侧车窗看路的一侧，努力寻找自己看到的特别的东西，而另一侧可能没有的东西，轮流唱出来，有时候是一个广告牌，有时候是一个大熊猫的雕塑，或者是一辆装满新汽车的大拖车。开着车听他俩在后面唱着"我有脚手架呀脚手架，你没有，你没有""我有红灯笼呀红灯笼，你没有，你没有"……

听觉广度的训练更像是短时记忆的训练，家长可以随机选择一组数字，让孩子复述。由易到难，循序渐进，可以先是 4 个数字，然后增加到 5 个数字，随着孩子的能力增加，还可以在数字中增加字母，如"34b/2"；也可以调整规则，比如，家长说"358"，孩子就要把顺序倒过来说"853"；还可以根据孩子的兴趣来调整玩法，如一段描述环境的话，或是电话号码。训练就是游戏，让兴趣主导训练。

◆ **注意的稳定性**

注意的稳定性是指注意力所能持续的时间。这是一个非常重要的品质。人把注意长时间放在同一个事物上或同一个活动上是很困难的；在孩子的心理方面，需要兴趣、积极状态，还需要对任务的责任感和使命感，当然还包括孩子的情绪和身体状况；在活动方面，如果内容丰富，活动本身有多样化，都可以使注意力维持的时间更长。

照顾孩子的时候，大人需要保持观察，当看到孩子正在专注于某个活动，就不要打扰他，直到他需要你。每天在吃饭和睡觉中间给孩子安排整块的时间供他安静自由地玩耍，这时候，无论是爸爸妈妈还是爷爷奶奶都不要打扰孩子，不要总是以为孩子需要互动，看到他在玩就问"你在干什么呢？""这个东西是这样玩的"，然后就开始教孩子了。或者总是用无关的事情打扰他——"吃点水果吧""喝点水吧""快放下，太脏了"。

东东的外婆总是批评东东妈妈："你是怎么带孩子的？就让他自己在那儿玩，也不陪他玩。"然后，为了不让孩子寂寞，就不停地跟孩子说话。东东妈妈被批评了，也只好放下手机，跑到正在给几辆汽车安排车位的东东身边，拿起一辆小汽车说："我们来比赛吧！"东东于是跟妈妈玩起了汽车赛跑。刚玩了两局，东东正玩得开心，妈妈就说："汽车累了，要加油了。"说完就把汽车摆了回去，找东西吃去了，顺便给东东也拿了水果吃。

照顾孩子，并不表示大人随时都以孩子为中心活动。在保证孩子安全的前提下，如果孩子正在专注于自己的活动，大人也完全可以在一旁忙自己的，互不打扰。少吃一点水果，少喝一次水完全没有问题，若总是在孩子专注于活动的时候打扰他，才是真正的问题！

专注力的稳定性训练方法不少，主要是按照孩子的年龄来设置游戏，像积木和拼图游戏适用于低龄儿童的。迷宫游戏也是孩子喜爱的，从图案丰富的迷宫中走出来需要孩子很专注，孩子大一点，还可以让孩子自己设计迷宫。

运动的过程本就是专注的过程，孩子走平衡木、在大网上爬行都需要保持稳定的专注力。

放风筝是个很好的锻炼注意稳定性的活动，活动中必须长时间地看着风筝的位置和变化，风筝线在手上的受力感觉，随时进行调整，才能把风筝放得好，放得高。

◆ **注意的转移**

注意的转移当然是根据新活动或新任务及时、有意地调换目标，把注意力从 A 转移到 B。这里的转移，可不是因为窗外有只猫在爬树，就把正在听课的孩子的注意力吸引过去了，那叫分心，是注意力分散。但如果是老师正在讲诗歌，看到外面的猫在爬树，老师让孩子们以猫爬树的画面写一段话，这就是转移，是主动地改变了任务，需要注意转移。

我家的小朋友还有一个自创的小游戏，用来打发出行路上的时间。先设置任务，比如找到路上的外地车牌照，然后，他们就会专注看过往车辆牌照的最前面的文字，或是加上文字后面的字母。有时候也会变换任务，转换成看谁找到的连续的数字多，于是任务又更改为观察来往车辆牌照上出现连续的两个数字，如"78""65"等，还包括路标上的、路的两侧广告牌上的数字。在这个过程中，任务转换是注意转换的过程，另外，车辆是快速行进的，每一组数字都快速从眼前溜走，数字排列也是变化的，这也需要孩子不断地转换注意，并快速抓住那些符合要求的数字。在上学前妹妹基本上是不玩这个游戏的，上学以后偶尔也会玩了，现在完全可以跟哥哥一起玩这个游戏了，虽然在刚开始的时候总是比较慢，但渐渐地也能跟上来，快速地抓住那些数字了，但当任务改变时，她需要更多的时间来调整注意力。

◆ **注意的分配**

注意的分配是同时关注不同的事物，就像通常所说的"一心二用"。在现实生活中，这种情况非常多，比如，司机开车的时候，一边看导航，一边看路，一边开车，有时候还会说说话；老师讲课的时候，一边讲课，一边板书，还要观察学生的情况并及时调整教学活动；歌手演出的时候，一边弹琴，一边唱歌，还会跟台下的观众互动，这都是注意的分配。

当然，注意的分配是需要活动的熟练程度的，这时候，无论同时做多少事，只能有一件事需要高度注意的，其他事情更像是自动化的。比如，司机一边开车，一边看路，还要聊天，当路上的车多人多，他对路况也不熟悉的情况下，他就没有精力聊天了，需要全神贯注地看路，手脚配合控制好汽车。

孩子小的时候，注意力的分配和转移能力都比较低，很难做到一边听课一边记笔记，一般是老师讲了之后，会专门留时间给孩子记笔记或抄写板书。因此，辅导低年级孩子写作业的时候需要注意，在他书写的时候就不要再讲了。这时候他难听进去的。同样，上完美术课再上数学课的时候，孩子很难快速地从刚才的课中转换过来，总会有孩子放不下画笔。

这些能力都是从生活中锻炼而来的，也是用在生活中的。

逛超市时，可以让孩子按照购物清单来找东西。琳琅满目的商品对孩子产生不少的干扰，可以带着孩子学习分区域寻找，还可以让孩子认路找路、玩玩拼图游戏。还有前面介绍的小游戏，一边扔沙包一边抓子儿，都是提升注意力能力的好训练。我们一提再提的球类运动，对注意力综合能力的提升也是非常有效的。

常听到家长说，我家孩子的专注力很好啊，看电视的时候可以一动不动看很久呢！电视对孩子的专注力建设并没有什么好处，反而会影响孩子的专注力品质。首先，电视里动态的画面确实很能吸引孩子的注意，但看电视既不能像运动和玩游戏那样让孩子深度参与并产生互动，也不能像阅读那样引发孩子的想象和深入理解和思考，那些由电视里学来的所谓的想象力其实都是孩子在模仿，这与由文字引发的想象力不同。作家李敖说的"电视是批量生产傻瓜的机器"，也并不为过。其次，电子屏幕的画面是跳动的，电视每秒播出 24 帧图像，加上动态的图像是很强的刺激，其速度使人上瘾，所以经常看电视的孩子需要高度刺激的才能吸引他的注意力，稍微平淡点的活动已经很难吸引他了。

在美国的一个心理调查研究发现，那些在软件公司工作的员工，基本没办法在 3 分钟内做一件事情，总是不停地在动、在改，如看一下手机，查一下邮件，打开即时通的聊天软件，不停地切换，1 小时能转换 20 多次。

另外，在儿童问题的诊断中，误诊最多的就是多动。英国有一种说法：多动不是病，只是生错了时代和地点。在人类存在的一百多万年中，绝大多数时间都需要人不断的活动，只有在这近几百年的时间里，才越来越看中孩子坐着不动的能力。

可以说，7岁之前没有多动的孩子，不爱动的孩子才需要担心，如果孩子无法安静在坐在教室里，那可能只是对学的东西不感兴趣，放他到户外活动起来，自有他想安静下来的时候。

大壮进入小学了，但他完全没有准备好。一二年级的时候，上课时根本坐不住，常常影响到别的同学，有的时候甚至课上到一半就自己跑出教室玩去了，于是在老师和家长的协商下，为了避免影响其他同学和老师上课，允许他出去玩，学校还会特别安排老师在他一个人出去玩的时候关注他的安全。到了三年级，还是跟不上同学的节奏，父母就把他转到一所理念开放的学校。他在那里有大量的户外运动，还接触了编程课，于是一发不可收拾，完全迷上了这个课程，六年级时，在编程比赛中拿到了金奖。老师大赞他不仅是"天才"，而且自己也非常努力，并拥有了坚韧不拔的品格。他妈妈把这个颁奖视频发给我时，不断地说："真的要相信孩子，也确实需要因材施教啊！"

不可或缺的环节——发呆

"又在发呆！"起床穿衣服的时候发呆，吃饭的时候发呆，玩游戏的时候发呆，写作业的时候发呆，洗漱的时候发呆……孩子随时都可能发呆，一不留神，他又在发呆了。家长总是希望孩子快速地把需要做的事做完，可是10分钟的能做完的事儿，他过了40分钟还待在那里。唉，实在是要唠叨几句才行。如果觉得剩下的作业已经不多了，他也都会做，就不再辅导了，可是一个小时过去了，他还是没有做完。"对不起，妈妈，我不小心发了个呆"，孩子有点委屈。

很多家长为此头痛，常抱怨孩子发呆耽误时间。也许现在又要怀疑孩子的注意力问题了。总是走神发呆，难道不是孩子不专注，有注意力问题吗？确实不是，发呆可不是注意力问题。

科学研究发现：人在发呆的时候，身体放松、心无杂念，这时人的意识活动减弱，处于清醒而放松的状态，大脑中的 α 脑电波得到加强。α 脑电波只有 8~14 赫兹，它就像是提供意识与潜意识的"桥梁"，在这种状态下，身心能量耗费最少，而脑部获得的能量却是比较高的，运作就会更加快速、顺畅、敏锐。α 脑电波被认为是人类学习与思考的最佳脑电波状态。美国科学家发现，发呆的时候，被激活的皮层和负责记忆的海马回神经活动水平关联程度非常高。日本科学家还发现，发呆可以增加大脑白质活动，大脑白质由神经纤维组成，负责在神经细胞之间传导信号。白质活跃意味着更能看清事物间联系，想到别人想不到的办法。

发生了什么？

发呆，可以帮助增强记忆力，可以提升创造力，可以活跃脑细胞，会让大脑皮质层变厚！

不仅如此，当感觉精力跟不上了，无法集中精神的时候，发发呆，**能让大脑得到充分的休息，有助于重新集中精力**；α 脑电波可以抑制信息超载，从而改善情绪，减轻压力，缓解不安的情绪，因此**发呆有利于缓解焦虑**；研究发现，**发呆还可以缓解疼痛和提高免疫力**。

真是意想不到啊！

现在，还会抱怨孩子因为发呆、走神耽误了时间，注意力不集中吗？

孩子比大人更爱发呆，这正是他的大脑需要的。大脑虽然已经努力做出了准备，但各种信息如潮水般不断地涌来，还是给孩子带来了不小的压力，他需要时间停歇，缓解压力，也需要时间把已经吸收的信息做一个整理并向内输送。

第一，孩子的学习不同于成年人，扑面而来的都是新鲜的内容，都是需要学习的知识。孩子的学习具有更多的开放性，就像海绵一样使劲地吸收，但大脑长时间处于活跃状态，处于高度受刺激的状态，自然会精神疲劳。发呆可以帮助孩子暂停吸收，缓解高度学习状态带来的疲劳和不适。

第二，知识需要时间去吸收，去消化，发呆让孩子暂停接收新事物，对已接收的知识归类建档，强化孩子对知识的记忆，提高效率。

第三，孩子关闭吸收，停止主动的有意识的思考，就像是在大脑中打开了一个更大的空间，放任那些装进大脑的知识自由地游荡，自由地碰撞，刺激大脑的深度发展，促进孩子想象力和创造力的发展。

作为家长，应该呵护孩子的发呆时光，不轻易打扰他们；理解和尊重孩子的状态；给孩子更多的私人空间，让孩子在头脑中构建一个广阔的、可以自由飞翔的天地。

首届国际发呆大赛在韩国首尔举办，参赛选手在比赛中不能笑，不能睡着，只能发呆！同时比赛中，还以脉搏为科学依据，现场观众参与投票为评判标准，不仅让参赛选手享受发呆的轻松时刻，也让所有观众参与到这项有意思的活动中。当时有50人参加比赛，经过3个小时的比赛，一名9岁小女孩赢得了发呆大赛的冠军！随着对发呆的认识越来越多，发呆大赛得到了延续，第二届国际发呆大赛在中国北京举行，冠军是一位刚走出大学校园的中国男孩。

成年人的生活工作节奏越来越快，工作疲累的时候不妨也给自己的大脑放放假。站起身来，伸伸胳膊，走到窗前看看外面。然后找到一个舒服的姿势，一个可以聚焦的视点，让自己看着它不动，只是看着它，尽量不眨眼，专注于此。这种减弱意识活动，清醒而放松的状态，是大脑很好的调剂。

在心理学中，发呆、走神也被叫作心智游移，这与现实无关，与任务也无关。有研究表明，在清醒的时间里，有将近一半的时间都在心智游移。不得不说专心致志地往一个方向努力，真的很需要意志力，一不小心就又做起了白日梦。原本正在为耽误了任务的进度而懊恼，但看到科学家说，心智游移让意识和潜意识架起了"桥梁"，发生了碰撞，更有创造力了，就会又觉得这些"耽误"是值得的。

当走神的时候，思想没有在指定的路线上走，而是飞进了浩瀚的思维领地随意碰撞。说不定，在哪一次心智游移的过程中，就产生了一个好点子，或是解决了那个一直没有解决的问题。

当然，还是应该集中精力，专注于学习和工作。如果在阅读本书的过程中，没有走神的话，恭喜你，你将大有收获！

参考文献

1. [美]约翰·瑞迪, [美]埃里克·哈格曼. 运动改造大脑[M]. 浦溶, 译. 杭州: 浙江人民出版社, 2013.
2. 尹文刚. 神奇的大脑: 大脑潜能开发手册[M]. 北京: 世界图书出版公司, 2012.
3. [美]罗杰·霍克. 改变心理学的40项研究[M]. 白学军, 译. 北京: 人民邮电出版社, 2020.
4. [美]卡洛尔·斯多克·克朗诺威兹. 感统游戏[M]. 周常, 译. 北京: 中国发展出版社, 2017.
5. [英]萨利·戈达德·布莱斯. 平衡发展的孩子[M]. 于淑芬, 译. 北京: 民主与建设出版社, 2011.
6. [日]成田奈绪子. 培养孩子就是培养大脑[M]. 哈尔滨: 哈尔滨出版社, 2021.
7. [意]玛利亚·蒙台梭利. 发现孩子[M]. 胡纯玉, 译. 北京: 中国发展出版社, 2006.
8. [意]玛利亚·蒙台梭利. 有吸收力的心灵[M]. 高潮, 郭志鹏, 译. 天津: 天津社会科学院出版社, 2010.
9. 李俊平. 图解儿童感觉统合训练[M]. 北京: 朝华出版社, 2018.
10. [奥地利]阿德勒. 儿童教育心理学[M]. 王童童, 译. 北京: 中华工商联合出版社, 2017.

11. ［德］老卡尔·威特.卡尔·威特的教育［M］.王颖坡,译.武汉:华中师范大学出版社,2012.
12. ［以色列］尤瓦尔·赫拉利.人类简史［M］.林俊宏,译.北京:中信出版集团,2017.
13. 洪兰.大脑科学的教养常识［M］.台湾:远流出版社,2015.
14. 刘墉.世说新语2刘墉教育秘笈［M］.南宁:接力出版社,2008.

后　记

书快写完的时候，我儿子两眼闪光地跑来，说："妈妈，你的书写的是儿童运动，你举例子的时候可以把我写进去啊，我小时候不会爬，身上有那么多的问题！"我笑着说："已经写了，你和妹妹的问题我都写进去了。"

过了两天，他若有所思地转到我身边，说："妈妈，要是你早一点懂这些知识，我一定会更好的，对吗？"我转过身，看着他十来岁却依然稚嫩的脸，认真地拉起他的手，说："不，孩子，你是我的老师。如果不是你和妹妹，妈妈也不会深刻地理解这些知识，更不会有这本书了，当然我也不会是现在的样子。妈妈是和你们一起成长的。"说着，我抱了抱他。他想了想，说："要么，你再生一个孩子吧，一定会更好的！"

我身边确实有一些老师因为对儿童发育和发展的情况越来越了解，非常希望有一个孩子，可以从生命的初始状态就尊重孩子的成长规律来养育，毕竟，曾经自己在之前养育孩子的过程中犯了那么多的错误，阻碍了孩子的发展。

孩子是我们的老师，他们的成长和变化是促进我们再次成长的力量。让·皮亚杰是心理学史上最有影响的人物之一，他的著名的认知发展理论中的许多结论，都是在对他自己的三个孩子成长的观察和研究中获得的，而这个理论对整个心理学界有着巨大的影响。

正如本书中想要传递的思想：给孩子更多的自由。家长只需保持观察和思考：一方面，给孩子建立规则，培养良好的品德；另一方面，不要成为孩子发育和发展的阻碍，要减少对孩子的束缚。毕竟我们要培养的下一代是"青出于蓝而胜于蓝"的，而不是让自己成为孩子的"天花板"。同时，敞开心扉，把孩子的成长过程当成自己再生长的机会，那么，你也一定会有不小的收获！